INHALT

JOESI PROKOPETZ

ALLTAG IST NICHT EIN TAG IM ALL

Bekenntnisse eines Querulanten

Amalthea
Verlag

Textnachweis

Die Texte »Das Glück anderer stört das eigene Unglück« (S. 71–75),
»Mezzie« (S. 96–98), »Entschuldigung, sind Sie tot?« (S. 112–113),
»Wegweisend oder *wegweisend*?« (S. 120–121), »Empöret euch«
(S. 122–123), »Wir sind vom Fach« (S. 156–158), »Poesie beim
Brausen« (S. 160), »Was isst' denn?« (S. 174–175) und »Ist bei
Ihnen alles in Ordnung?« (S. 180) stammen aus Joesi Prokopetz/
Fritz Schindlecker: *Urlaubsg'schichten und Reisesachen*. Carl Ueberreuter
Verlag, Wien 2018.
Abdruck mit freundlicher Genehmigung der Carl Ueberreuter Verlag
GmbH

Besuchen Sie uns im Internet unter: amalthea.at

© 2019 by Amalthea Signum Verlag, Wien
Alle Rechte vorbehalten
Umschlaggestaltung: Elisabeth Pirker/OFFBEAT
Umschlagabbildungen: Cover: © Michael Mazohl;
Rückseite: © iStock.com
Lektorat: Martin Bruny
Herstellung und Satz: VerlagsService Dietmar Schmitz GmbH,
Heimstetten
Gesetzt aus der 12,25/15,8 Pt Arno Pro
Designed in Austria, printed in the EU
ISBN 978-3-99050-164-1

DAS LEBEN IST EINE REISE ...

BILDUNGSAUFTRAG

»WIR GEHÖREN EINER ZEIT AN, DEREN KULTUR IN GEFAHR IST, AN DEN MITTELN DER KULTUR ZUGRUNDE ZU GEHEN.«

LUSTIG, LUSTIG, TRALALALA ...

GUTEN APPETIT ...

DER REST BLEIBT ÜBER ...

Hinter mir die Zukunft.
Vergangenheit hat bald wer.

WUCHTELN FLIEGEN TIEF

Der Terminus »Wuchtel« ist ein österreichisches Vulgärsynonym für Pointe. Dieses Diminutiv von Wucht wird nur von ganz bestimmten Leuten verwendet, für billige und spießigprimitive. Eben Kalauer, ohne jede Idee, ohne Geist, ohne Feinstofflichkeit gewissermaßen, ohne jede Nachhaltigkeit. Aus einem Ungeist des Stumpfsinns, des Niederen und des Abgefeimten heraus.

Die nachhaltige Pointe kommt immer aus dem Halbdunkel der Verzweiflung und den Abgründen der Resignation. Eine richtige Pointe hat stets auch etwas Tragisches, Epigrammatisches und entwickelt sich dadurch mit der Zeit zum Zitat. Zum Zitat, das ganz allein für sich steht. Niemand braucht mehr die Geschichte zu erzählen, die dann ohnehin in der Pointe kulminiert.

Ausschließlich Wuchteln gibt es beim Villacher Fasching, was seinen anhaltenden Siegeszug erklärt. Er ist was für Dumme, und dumm nickt gut.

Bei österreichischen Comedy-Erzeugnissen wird vorweg, als Kriterium für den eingeforderten Erfolg, die »Wuchteldichte« geprüft. Darum klafft diese Schlucht zwischen Comedy und Kabarett.

Wie nennt man eine weibliche Pute?
Putin.

Sind Sie ein Zauberer?
Ja, ich zersäge Frauen.

Und? Haben Sie Familie?
Ja, zwei Halbschwestern.

Wie heißt ein zu dicker Veganer?
Biotonne.

Längere Einnahme von Viagra verursacht Sehstörungen. Man fragt dann nicht mehr: »Wie war ich?«, sondern »Wo bin ich?«.

Das sind die Wuchteln beim Villacher Fasching.

Wuchtel ist Schlager. Pointe ist Jazz.

Man kann, wenn man Wirtshaustische belauscht, nach einem gemeinsamen Besuch einer solchen Comedy Sätze hören wie: »Oida, der hat a poa Megawuchteln wegg'haut.«
 Hätte er nur. Weggehaut, meine ich. Und getroffen.
 Am meisten freut es weite Kreise des Publikums, wenn uninspirierte Witze über Politiker*innen gemacht werden. Man muss nur die beim Stimmvieh als Axiome geltenden Eigenschaften der Politiker*innen bedienen: Alle Politiker*innen sind deppert, hässlich, korrupt und inkompetent – dann wird gelacht. So wie gelacht wird, wenn man über Stottern, Impotenz und Frauen witzelt.
 Wie soll man da seine Fixkosten zahlen, wenn man für Wuchteln nicht zuständig ist?
 Die Presse, die Kritik will »Tiefgang.«
 Das Publikum nicht.
 Das Publikum will Wuchteln.
 Die Presse, die Kritik nicht.

Bei vielen Komikern – *Comedians,* wie man heute sagt – scheint sich die *Moria,* die »läppische Witzelsucht«, eine leicht bis mittelschwere psychische Störung *(Hypomanie),* die – für gewöhnlich nur bei Männern – in fortgeschrittenem Alter auftritt, schon sehr früh zu zeigen. Diagnostiziert wird eine leichte Geistesstörung mit einer übertriebenen Heiterkeit, einer krankhaften Geschwätzigkeit und Albernheit mit expansiv jovialem Verhalten. Wer kennt nicht alte Männer, die, gesteigert euphorisch, vor allem bei jungen Frauen anlassig witzeln, gerne mal Vokabel wie »Katzerl«, »Popscherl« und »Tutterln« abspeicheln und durchaus nicht vor hilflosem, lustgreisigem Betappen haltmachen. Die in Gesellschaft viel reden, auch Männern wertlose Gespräche aufdrängen, vor allem über Koitales aus längst vergangenen Tagen, Liebesabenteuer, nicht enden wollende Begattungen, unbesiegbare Manneskraft. Die einen dabei – wenn auch nicht erotisch, so doch – berühren, mit dem Gesicht gerne konspirativ näherkommen, um etwas besonders Lustiges zu flüstern. Dann lächelt man gezwungen und bekommt den sumpfigen Mundgeruch des alten Menschen zu riechen, weil ja in allen Ecken der Speiseöffnung grausliche Fäulnisbakterien unter der Totalprothese leben.

Jeder kennt so einen. Und wenn man's selber ist.

SPIEGELFECHTEREIEN ...

WIR SEHEN ALLE GLEICH AUS

»Das kann nichts Gescheites sein, die Mode, wenn man sie Jahr für Jahr ändern muss«, soll Marcello Mastroianni einmal geäußert haben, und ich finde, er hat recht. Denn wir sehen doch alle – bei aller Mode – mehr oder weniger gleich aus.

Wenn es uns auf die Nerven geht, genauso auszuschauen wie unsere Nebenmenschen, und wir die Ersten sehen, die marginal anders sind, weil sie, wie gesagt wird, *fashion victims* sind und bereits die neueste Mode tragen, setzt bei uns der Reflex ein, genauso auszusehen, damit wir nicht mehr gleich aussehen wie das Prekariat, das die Mode von gestern trägt, um dann wieder gleich auszusehen wie die *Hautevolee*, die schon bald keine mehr ist, weil mit der Zeit das gemeine Volk, also alle, bis zum nächsten *Modetrend* auch so aussehen.

»Streifen sind die neuen Karos«, sagte Karl Lagerfeld, halb Mensch, halb Sonnenbrille, »Jogginghose, Feinripp, weiße Frotteesocken und blauweiße Schlappen sind das Prêt-à-porter des kleinen Mannes.«

Dieser Trieb, gleich auszusehen, und sich doch – vermeintlich – abzugrenzen, wird durch das Existieren von Uniformen bestätigt. Das schafft ein mentales Zuhause, das gibt Sicherheit.

Auch am *Catwalk*, wie gesagt wird, sehen Models und Dressmen mit ihrem bemüht dämonischen, unbeteiligten und hochmütigen Gesichtsausdruck, der an jenen von Insassen psychiatrischer Kliniken erinnert, alle gleich aus.

Dass wir letztlich alle gleich aussehen, wird augenfällig, wenn Menschen nur in genügender Entfernung vor einem stehen. Dann sieht man nur mehr, dass es sich um die Gattung

Mensch handelt und sich trotz Mode, männlich, weiblich, jegliche Individualität aufgehört hat.

Mir fällt dieses Gleichaussehen in der Herrensauna immer besonders auf. Nackte, schmerbäuchige, meist zusammengekauerte Männer sitzen da, schwitzen degoutant vor sich hin, stoßen orgiastisch wirkendes Stöhnen aus und ähneln einander frappant.

Der Körper ist das Aushängeschild der Seele, wird gesagt. Wenn das so ist, dann sind wir arme Seelen und zur Hässlichkeit verdammt.

Als ich jünger war – früher war ich jünger, heute nicht mehr so –, hat man sich tätowieren lassen, um zu signalisieren, dass man zum Souterrain der Gesellschaft zählte, heute, um zu zeigen, dass man der *In-Crowd* zugehörig ist. Aktuell jedoch ist man anders, wenn man *nicht* tätowiert ist, wobei viele sich mit dem Gedanken tragen, sich ebenfalls tätowieren zu lassen (»Irgendwas Kleines am Knöchel, einen Engel oder einen Schmetterling vielleicht …«), um zu denen zu gehören, die meinen, individuell zu sein und doch nur von der Stange sind.

Zurzeit ist bei jungen, oft milchgesichtigen Männern das Tragen eines Vollbartes vermehrt zu beobachten, um virile Originalität herzustellen. Woher dieser Trend tatsächlich kommen mag, ist unklar. Eine weit hergeholte Theorie, der Zug zum Rauschebart wäre einer sublim fortschreitenden Islamisierung geschuldet, ist aber vielleicht kurz einer Überlegung wert.

Wir produzieren Oberflächen. Oberfläche als Gegenteil von Tiefe, und darum endet jeder Versuch, sich zu unterscheiden, zu verschönern, was Besonderes zu sein, letztlich in der Verwechselbarkeit. Was uns eint, ist der faktische, aber philosophisch unsinnige Selbsterhaltungstrieb.

Für das bloße Überleben braucht man allerdings keine Intelligenz. Bakterien beweisen das seit Jahrtausenden.

VIEL LÄRM UM NICHTS

Wir leben auf einer intellektuellen Flatrate. All you can eat, all you can drink, all you can shit.

Man gewöhnt sich an Leute, die immer schon ab Anfang März *draußen* sitzen, in der ersten Sonne. So Typen, die so breitschultrig daherkommen: *My Name ist Body – Nobody!* Die sitzen nicht dort, weil sie braun werden wollen.

Nein, die sitzen dort, weil sie schon braun sind. Denn die liegen ja bis Mitte Juli jeden Tag im Solarium, im Münz-Mallorca, haben das ganze Jahr über eine Hautfarbe zwischen Sonnenbank und Leberschaden und geben ihr Geld aus für blonde Meschen* im schwarz gefärbten Haar, für gefakte Uhren und Sonnenbrillen, für Vorjahres-Markenware aus Designer-Outlets anstatt für Rechtschreibkurse und Grammatik im Alltag oder kaufen eine Gebrauchsanweisung fürs Aufs-Häusl-Gehen, damit sie nicht vergessen, wie Scheißen geht. Die sitzen draußen bei neun Grad Celsius mit einem Burberry-Schal um den Hals und einer Lacoste-Haube auf, damit man den Kopfschuss nicht sieht, den sie haben – von einer Smith & Wesson Limited Edition.

Und man hat sich daran gewöhnt, dass es allerorten quietscht, piepst, klingeltönt, überall Klangtapeten aufgehängt, Musikteppiche verlegt, Geräuschkulissen aufgestellt werden und die Stille weitgehend vertrieben wurde.

---

*   Strähnchen

Treffender als Dieter Hildebrandt in *Nie wieder achtzig!* kann man es gar nicht sagen: »Großvater, wann stirbst du endlich, damit wir auf Urlaub fahren können?«

»Ich kann nicht, es ist zu laut!«

SO REÜSSIERT MAN BEI SCHÖNEN FRAUEN

Viele Männer leiden unter *Caligynephobie,* der Angst vor schönen Frauen.

So mancher durchaus attraktive Mann ist mit einer Partnerin liiert, die nicht dem gängigen Schönheitsideal entspricht, weswegen das gesellschaftliche Umfeld hinter vorgehaltener Hand flüstert: »Die passt gar nicht zu ihm.«

Es wird dann gesagt: »Na ja, die Geschmäcker sind verschieden.« Oft auch: »Jeder Topf findet seinen Deckel« oder Ähnliches.

Der betreffenden Frau fällt das natürlich auf, und sie lebt in unausgesetzten Minderwertigkeitsgefühlen und dauernder Kränkung.

In Wahrheit ist auch der betreffende Mann, der sich mit den Jahren zwar an seine im Rahmen eines Kompromisses eroberte Frau gewöhnt, zunächst lange Zeit unangenehm berührt, wenn er die Blicke spürt, die oft verwundert auf seiner Frau ruhen. Dabei hätte er immer wieder Gelegenheit gehabt, weit schönere Frauen kennenzulernen, allein seine Furcht, seine Eingeschüchtertheit, ja, sein Geblendetsein von weiblicher Schönheit hatten ihm den Mund verschlossen und jedes Draufgängertum im Keim erstickt, und wenn er doch einmal einen Annäherungsversuch wagte, dann war er halbherzig und vor allem tollpatschig.

Es gibt jedoch eine recht einfache Strategie, die Aufmerksamkeit schöner Frauen zu wecken. Nein, nicht etwa durch blumig-poetische Komplimente oder gar Lobhudeleien für ihre Makellosigkeit, denn das bekommt die Schöne ständig zu hören und langweilt sie, sondern gerade durch das Gegenteil!

Der gewiefte Frauenheld sucht sich hinterlistig irgendetwas im Äußeren der Schönheit, mit dem sie nicht zufrieden ist, das ihr bei jedem Blick in den Spiegel einen kleinen Stich versetzt und nagenden Selbstzweifel an ihrer Engelsgleichheit aufkommen lässt. Zum Beispiel – noch nicht aufgespritzte – Lippen, die wie zwei langweilig schmale Striche – zwar üppig überschminkt – den Blick ins perfekte Antlitz ein wenig irritieren.

Wenn man da im Tone höflichen Interesses fragt, ob die Dame vielleicht *was mit dem Magen* hätte und sie dann erstaunt antwortet: »Wie kommen Sie denn darauf?« – dann muss man nur mit kaum maskiertem Mitleid etwas sagen wie: »Entschuldigen Sie, gnädige Frau, ich möchte Ihnen nicht zu nahe treten ... Ihre Lippen ...«

Die Dame wird mit schwindender Selbstsicherheit in Tateinheit mit aufkommender Panik fragen: »Wieso? Was ist mit meinen Lippen?«

Und dann im Tone eines erfahrenen Internisten: »Ulcus-Lippen. Ein schmaler, verzeihen Sie den Ausdruck, ein *zusammengekniffener* Mund weist häufig auf Magenbeschwerden hin oder auch oft auf verdrängtes seelisches Leid.«

In der Sekunde hat der Mann die ungeteilte Aufmerksamkeit der schönen Frau, und das Erstgespräch bleibt im Fluss.

Ist der Mann dann am Ziel seiner Bemühungen angekommen, beichtet er galant seinen rhetorischen Trick; trotzdem wird die Dame fürderhin bei jedem beseligenden Blick im Spiegel eine Sekunde bei ihren Lippen verweilen.

Ob das umgekehrt bei schönen Männern auch so funktioniert, entzieht sich naturgemäß meiner Kenntnis, jedoch, glaube ich, halten sich die meisten Männer, egal ob schön oder nicht, grundsätzlich für unwiderstehlich; am meisten jene, die wirklich gar keinen Grund dafür haben.

Oft weisen Männer, mit deren Äußerem sich so gar kein Staat machen lässt, dreist auf ihre *innere Schönheit* hin, was eine schlagfertige Blondine in einem Wiener Espresso zu einem lästigen Galan sagen ließ: »Waßt wos, Bester, lass di wend'n.«

WER IST »ICH«?

Alle Menschen glauben, der Mittelpunkt ihres Lebens zu sein, also Protagonist, Protagonistin, meinen, die Welt wäre ihre Welt und alle Nebenmenschen nur Trabanten. Die menschliche Selbstwahrnehmung lebt noch im ptolemäischen Weltbild – vor der kopernikanischen Wende –, geozentrisch sozusagen. Oder besser: egozentrisch. (Interessant, besonders in diesem Fall, dass *geo* und *ego* Anagramme sind.)

Im Grunde ist jeder Mensch gewissermaßen *Solipsist* und lebt unbewusst nach der Position, dass allein sein Ich mit dessen Bewusstseinsinhalten real existiert. Alle sonstigen Gegenstände der Außenwelt, auch sogenannte fremde Ichs, nimmt er nur als Bewusstseinsinhalte des allein als existent erlebten eigenen Ichs wahr. Solipsismus ist die Vorstellung, man selbst sei das einzig bewusste Individuum.

Jeder Misthaufen verträgt nur einen Hahn, gewissermaßen, oder auch: Die Welt ist nur für mich gemacht, und ich allein bin diese Welt.

Im Grunde ist es genauso bei den Schimpansen, den Tüpfelhyänen, den Papua-Weichschildkröten und den Blobfischen.

Der Teilchenphysiker und – naturgemäß – Materialist Frank Close meinte dazu: »Du bist aus Stoff gemacht, der so alt ist wie der Planet und ein Drittel so alt wie das Universum, aber nun haben sich diese Atome zum ersten Mal so zusammengefunden, dass sie denken, sie sind du.«

Auch hier kein Ich, sondern nur ein Du.

Ein Ich gaukelt sich erst durch ein Du vor.

Gerne und immer wieder wird gesagt: »Das Leben geht weiter.«
Sehr häufig wird dieser Satz geseufzt. Komischerweise vor allem
nach Todesfällen, und zwar so: »*Aber* das Leben geht weiter.«

Wenn ein Mensch zu Hause stirbt im Kreise seiner Angehörigen und dann die Männer mit dem Zinksarg kommen und
den *lieben Toten* hineinlegen und ihn wegschaffen, dürfen sie
nach Dienstvorschrift nicht »Auf Wiedersehen« sagen oder
gar »Bis zum nächsten Mal« oder »Schönen Tag noch«. Völlig unmöglich auch: »Bis bald.« Darum grüßen Leichenträger
selbst privat fast nie.

Gerade wenn ein Leben aus und vorbei ist, sagt man, dass
das Leben an sich gewissermaßen zwangsläufig weitergeht, nur
weil man selbst noch am Leben ist. Obwohl unmittelbar nach
einem Leichenbegängnis die Plattitüde »Das Leben geht weiter« hinreichend widerlegt sein sollte.

Und selbst die Bescheidenen, die bei jeder Gelegenheit den
Egozentrismus verdammen und betonen, dass sie gar nicht
glauben, der/die Wichtigste auf der Welt zu sein, definieren
sich eben als der/die/das *Un*wichtigste in und auf der Welt, die
sich wiederum – solipsistisch – nur um sie selber und ihre
Bescheidenheit dreht.

Wenn ich mich selbst suche, weiß ich nicht, wer mich sucht,
und wenn ich mich finde, weiß ich nicht, wen ich gefunden
habe.

Kurzum, jeder glaubt, er sei ein Individuum.

Oder besser: ein Ich.

Dass es so etwas wie »Ich« nicht gibt, merken wir meist erst,
wenn wir *in uns gehen* und uns wundern, dass niemand da ist.

VERWANDLUNG

Als mein jüngster Sohn im verwegensten Sinn des Wortes noch jung war, war er überzeugt, dass er über Zauberkräfte verfüge. Und er nutzte diese Kräfte, um unliebsame Nebenmenschen vorwiegend in Tiere zu verwandeln. Er stellte sich dann hin, breitbeinig, einen Arm spitz nach hinten abgewinkelt, den anderen vorgestreckt, die Finger der Hand, wie Krallen gekrümmt, auf den oder das zu Verzaubernde gerichtet, und stieß dabei einen Laut aus, der in mir heute noch nachklingt, nämlich: »Tschschsch ...«

Einmal, bei einer Wanderung, nahm er seine Zauberer-Pose ein und schleuderte den Bann nach einer offenbar sehr heimatverbundenen Familie, die uns in strenger Tracht, gewissermaßen im *trächtigen Look*, entgegenkam. Die Herrschaften, die durch die Bank auch noch diesen gewissen katholischen Teint hatten, schauten verwundert, und ich fragte meinen Jüngsten: »In was hast du die denn verzaubert?«

Und er sagte mit einem Anflug von Triumph in der Stimme: »In Schildkröten.«

»Na sicher.« Ich drehte mich um und sah – einen Lidschlag lang – nicht das Trachtenpärchen und seine beiden Leibesfrüchte, sondern vier unterschiedlich große Schildkröten. »Toll«, sagte ich, »du bist ein großer Zauberer. Ich hab wirklich vier Schildkröten gesehen.«

Er drehte sich nicht um, sagte nur: »Weißt du, die Leute sind schon immer das, in was ich sie verzaubere.«

Erst nach und nach dämmerte mir, dass das nicht bloß kindliche Rhetorik war.

Ist es denn nicht so?

Sind wir nicht schon a priori das, in das wir uns endgültig verwandeln, verwandeln müssen, bevor uns wer oder was auch immer verzaubert hat? Verwandelt nicht das Lächeln einer Frau das langweiligste, qualvollste Fest? Und sprechen wir von der uns zunächst widerwärtigen Festivität nachher nicht als von einem »bezaubernden Abend«?

Der wesentlichste Unterschied zwischen Verzauberung und Verwandlung ist das Tempo. Jemanden in etwas anderes zu verzaubern, geht eben »Tschschsch ...« Und der- oder dasjenige ist verwandelt. Die Verwandlung als solche geht sukzessive, schleppend, ja so langsam, dass man sie zunächst gar nicht bemerkt. (Wie das bei Gregor Samsa war, ist unbekannt.)

Manchmal blicke ich morgens in den Spiegel und sage mir: Diesen alten Mann rasiere ich nicht. Meist jedoch fällt mir die Verwandlung gar nicht auf. Erst wenn ich ein Bild aus vergangenen Jugendtagen sehe, wird die Verwandlung augenfällig. Da sieht und spürt man, dass man ein anderer geworden ist, dass man nicht mehr der ist, der man war, dass man sich verwandelt hat und sich selbst nur mehr rudimentär ähnlich sieht.

Also, wir verwandeln uns ständig, durch schleichenden Verfall, durch unwürdiges Altern bis hin zum Skandalon des Todes.

Nun, das ist nichts Neues.

Neu und bedenkenswert ist eventuell der Ansatz, dass Verwandlung mehr und ganz etwas anderes ist als bloße Veränderung. »Der/die hat sich ganz schön verändert« ist weniger und dadurch bedeutungsloser als »Der/die ist ja wie verwandelt«.

Meine Großmutter sagte es noch deutlicher, als ich seinerzeit zu pubertieren begonnen hatte: »Der Bub ist wie ausgewechselt.«

Menschen, mit denen wir tagtäglich zu tun haben, bleiben für uns dieselben, auch wenn sie fließend aufhören, sich zu gleichen. Erst längere Abwesenheit des einen vom anderen lässt uns bei einem Wiedersehen sagen: »Gut schaust du aus«, selbst wenn wir schockiert sind über erloschene Augen, eingegrabene Falten, wuchernde Nasenhaare und Ohrenborsten.

Verwandlung ist also nicht etwas Erhabenes, Edles, sondern vielmehr ein Fluch, der uns durchs ganze Leben begleitet, ja im Grunde das Leben ist, denn ein Sein, ohne sich langsam, aber erbarmungslos in ein Nichtsein zu verwandeln, hieße nicht lebendig sein. Und darum wird das Sein überbewertet, und man misst der bloßen Tatsache seiner erbärmlichen Existenz so etwas wie Würde und etwas grundsätzlich zu Beschützendes bei.

Nun ja.

Durch diese Verwandlung, das Ausgeliefertsein an die würdelose Endlichkeit, drängt sich der Eindruck vor, die Verwandlung wäre nur in eine Richtung, nämlich zum Grässlichen, möglich.

Dieser Eindruck ist aber ... leider richtig.

Freilich bewirken gewisse Momente – ein Lächeln, ein wertvolles Gespräch, berückende Musik, Kunstgenuss, Verliebtheit, vor allem Erotik und solche Sachen –, dass wir uns bezaubert, meinethalben *ver*zaubert fühlen. Momente, in denen die Zeit scheinbar stehen bleibt – und dennoch wohlgemerkt die schleichende Verwandlung zur Hinfälligkeit im Hintergrund gnadenlos weitergeht.

Beispiele wie Raupen, die sich in Schmetterlinge verwandeln, hässliches, hilfloses Federvieh, das sich in majestätische Adler oder opereske Schwäne verwandelt, sind ins Reich der

Romantik zu entsorgen und den Leuten zu überlassen, die in jedem patscherten Sonnenauf- oder -untergang ein Wunder oder sonst etwas Numinoses sehen.

Die Saulus-Paulus-Verwandlung ist ja bekanntlich durch ein Wunder ausgelöst worden, und das Segensreiche an diesem Wunder ist letztlich diskutabel.

Mir ist bewusst, dass Schöngeister und Menschen, die Sätze wie »Das Leben ist schön« unhinterfragt abnicken, über Verwandlung ganz unterschiedlich denken. Allein, ich bin kein solcher, ich unterschriebe denn auch die kühne Hypothese »Das Leben ist ein Geschenk« nicht, besonders dann nicht, wenn sich dieser Satz im Laufe der Zeit bald in »Im Leben gibt es nichts geschenkt« verwandelt.

Eines dürfen wir aus diesen Worten alle mitnehmen: Wir haben uns in den Minuten, die es benötigte, sie zu lesen, ausnahmslos alle ein wenig – »Tschschsch ... « – verwandelt und erkannt: »Das Leben ist eine Anstrengung, die einer besseren Sache würdig wäre.« (Friedrich Nietzsche)

SCHÖNHEIT-SCHRÄGSTRICH-WAHN

oder: »Auch das Schöne muss sterben.«
Friedrich Schiller

oder: »Der Wahn ist kurz, die Reue lang.«
Ebender

Das Thema dieses Aufsatzes, Schönheit-Schrägstrich-Wahn, gleich in die Niederungen von »Schönheitswahn« zu versimpeln, verbietet die Sorgfalt der Satire, die zwar, laut Tucholsky, alles darf, aber Gott sei Dank nichts muss.

Zunächst: Schönheit. Die Geschichte der Schönheit – wie sollte es in unserer bipolaren Welt anders sein – ist immer auch eine Geschichte des Hässlichen. Schönheit ist ein abstrakter Begriff, der stark mit allen Aspekten des menschlichen Daseins und immer eng mit dem soziokulturellen Hintergrund der Zeit, ihren moralischen Maßgaben verbunden ist. Die Schönheit liegt ja, wie gesagt wird, im Auge des Betrachters, was im Hinblick auf die meisten, nicht nur nordostösterreichischen Straßendörfer auf einen Augenfehler der Betrachter hinweist. Im Alltag wird als »schön« meist etwas bezeichnet, was einen besonders angenehmen Eindruck hinterlässt: ein schöner Körper, schöne Musik, eine schöne Bewegungsabfolge im Tanz. Eine Nähe zu Begriffen wie Harmonie und Symmetrie fällt auf, eine Abgrenzung gegenüber dem »nur« Hübschen ist nicht immer leicht.

Was Schönheit ist, entzieht sich – wie auch die Liebe, die mitnichten immer schön sein muss – einer letztgültigen Klärung. Besonders die menschliche Schönheit scheint zweifelhaft, wenn man sie zusammen mit der Tatsache denkt, dass gut ein Drittel unseres Erbgutes mit dem der Kartoffel übereinstimmt. (Siehe auch den Werbeslogan aus den 1970er-Jahren für ein kochfertiges Erdäpfelpüree namens *Stocki*. Eine Kartoffel mit menschlichen Gesichtszügen hat damals gesungen: »Stocki ist Kartoffelkönig.«)

Das österreichische Idiom geht ja mit den Begriffen »Schönheit« und »schön« auf seine eigene Art um. Schon die Beschreibung von Hässlichkeit durch den Euphemismus »Schenheit is s' kane«, macht deutlich, dass die österreichische Seele das Wort »Schönheit« durchaus zur Beschreibung ihres Gegenteils heranzieht. Frühkindliche Begegnungen mit dem Adjektiv »schön« kennen wir aus elterlichen Aufforderungen wie: »schön z'samm'essen«, »schön sitz'nbleiben«, »jetzt wird schön g'schlafen« bis zu »schön brav sein«, zur Genüge.

Wir haben das in Rudimenten ins Erwachsenenalter übernommen, indem wir von einem »schönen Rotwein« sprechen und »schön essen« gehen. Wer nicht *schön* essen gehen möchte, bleibt zu Hause und isst *schiach*.

Aber auch negative Eindrücke werden mit *schön* umschrieben, wie zum Beispiel – man möge mir diesen Volksmundgeruch verzeihen, der nur der schonungslosen Vollständigkeit dient –: »schöne Scheiße«.

In »no, sche bled« berühren sich gewissermaßen *Schönheit* und *Wahn* semantisch, was uns zu einem gewagten Übergang zum *Wahn* verhilft.

Unter dem Begriff »Wahn« versteht man in der Psychiatrie eine veritable Denkstörung. Der Wahn ist eine inhaltlich falsche, die Lebensführung behindernde Überzeugung, an der der Patient trotz der Unvereinbarkeit mit der objektiv nachprüfbaren Realität unbeirrt festhält.

Der von Männern, durch weibliche Schönheit geblendet, hervorgestoßene Schrei »A Wahnsinn, die Oide!« baut, wenn auch keine stabile Brücke, so doch einen wackeligen Steg (Wir wissen aus der volkstümlichen Musik: *Über jedes Bacherl geht a Brückerl*) nun endlich zum *Schönheitswahn*. Und der erscheint uns – rein wissenschaftlich – zuerst wieder als Geisteskrankheit. Nämlich als *Dysmorphophobie*.

Es handelt sich hierbei um eine Störung der Wahrnehmung des eigenen Leibes, volksnah gesprochen: Man empfindet sich dem herrschenden Schönheitsideal gegenüber als nicht entsprechend, ergo als hässlich. Diese mentale Störung scheint also vorzuliegen, wenn sich Menschen – überwiegend Frauen – nicht enden wollenden Schönheitsoperationen unterziehen, die diese Störung nie beheben können, denn kaum sind die Brüste chirurgisch optimiert, gefallen die Lippen nicht mehr und werden auf die Größe eines Paares Würstel aufgespritzt, dann kommt Botox und später eine finale Gesichtsstraffung, bis man eine Mimik wie ein Vollvisierhelm hat und über alle vier Backen lachen kann.

Was uns zur Conclusio führt: Wer wahnsinnig schön ist, kann durchaus auch schön wahnsinnig sein.

LEBENSENTWURF
EINSAMKEIT

TIERE SEHEN DICH AN

Es gibt viele, vorwiegend durch eigene ungünstige Veranlagung, einsame Menschen, die sich einen Hund halten und ihre seltenen Gespräche, die sie mit anderen *Menschen* führen, über ihr Haustier abwickeln.

»No, Timmi, frag doch den Josef, wie's ihm geht … Geht's ihm eh gut, dem Josef?«

Nicht selten ertappt man sich, dass man eine Sekunde lang wartet, ob der Hund einen nicht tatsächlich fragt, wie's denn so geht, und antwortet dann oft in Richtung Hund: »Ja danke, geht so.«

»Fein, das freut den Timmi, dass es dem Josef gut geht, gell?«

Dem Hund könnte die Situation gleichgültiger gar nicht sein, aber man streichelt dem Tier über den Kopf, weil es sich freut, dass es einem halbwegs gut geht.

Sonst für gewöhnlich unauffällige Mitmenschen mutieren zu *Frauerl* und *Herrli*. Bei vielen haustierhaltenden Paaren übernimmt dann oft einer die Sprechrolle des Hundes.

So sagt beispielsweise das Frauerl: »No Timmi, hat dir das Herrli ein feines Fressi gegeben?«

Und der Gatte, das Herrli, antwortet in der Rolle des Hundes: »No freilich, was ganz Feines hat mir das Herrli da gegeben.«

»Dann sag schön *Danke* zum Herrli, gell, Timmi?«

Und das Herrli sagt, ganz auf den Hund gekommen: »Danke, Herrli, aber du gibst's mir gern … No freilich.«

Es kommt vor, dass das Herrli in Echtzeit in den Herrn zurückmutiert: »Ja, feines Fressi, Herrli, schmatz, schmatz …

Hörst, musst du jedesmoi die Höfte von den Hundsfutter neben die Schüssel hauen, du blödes Hundsviech?«

Ebenfalls häufig zu hören, wenn man zu Besuch bei einem(r) einsamen Tierfreund(in) ist, es an der Tür läutet und der Hund zu kläffen anfängt, ist die in regressivem Tone gestellte Frage: »Ja, wer ist denn da draußen, Timmi, hmmm? Wer hat denn da geläutet? Ist das jetzt schon die Tante Hermi?«

Die Wohnungstür wird geöffnet, und es stellt sich heraus, dass es mitnichten die Tante Hermi ist.

»Nein, da schau, Timmi, das ist ja gar nicht die Tante Hermi, das ist der liebe Onkel Hans, sag schön *Guten Tag*, Timmi ...«

Der Hund springt an einem hoch, deutet einige Koitusbewegungen an und verbeißt sich dann knurrend in die Stulpe der Hose des Onkel Hans, der den Hund ein wenig angewidert von sich stößt, was von dem(r) Tierfreund(in) in maliziösem Tone kommentiert wird: »Komm, Timmi, der Onkel Hans hat nicht so eine Freude wie du ...«

Verbreitet unter Hundehaltern sind auch kühne Hypothesen, wenn einen der Hund mit vermeintlicher Mimik anstarrt: »Er versteht jedes Wort, der Timmi, gell ... No freilich, jedes Wort versteht er, der Timmi.«

Was bis zu einem Symptom latenten Schwachsinns ausufern kann: »Oft glaub ich, jetzt und jetzt sagt er was zu mir ...«

Nicht selten tritt der Fall ein, dass HundehalterInnen mit ihrem Haustier sprechen, weil sie glauben, der Hund hört zu, und sagen, wenn das Tier dann kurz – wie gemeint wird, zustimmend – knurrt: »Gell, Timmi, das Frauerl hat recht ... No freilich.«

Interessanterweise werden Gespräche, die Menschen mit ihrem Tier führen, von der Gesellschaft nicht als Selbstgespräche oder als auffälliges Irresein erlebt, sondern, weil es so oft vorkommt, als normal wahrgenommen.

Ich habe keinen Hund, führe aber dennoch Selbstgespräche, vor allem wenn ich versunken in Gedanken durch die Straßen eile. Völlig der Welt entrückt und selbstvergessen, erzähle ich mir etwas, der innere Monolog wird zu einem äußeren Dialog mit niemandem.

Irgendwann, meist durch ein geräuschvolles Ereignis im Nahbereich, stoßen dann zwei Synapsen zusammen, und ich bemerke, dass ich seit geraumer Zeit mit mir selbst geredet habe. Dann erfasst mich Beschämung, und ich frage mich, mich ein wenig paranoid umblickend: *Wie lange habe ich jetzt schon mit mir selbst gesprochen, und vor allem, über was?*

Haben die Passanten, die mich angelegentlich laut denkend und womöglich wild gestikulierend erlebt haben, die unmissverständliche Scheibenwischerbewegung vor ihren Augen gemacht und gedacht: *Die meisten Wahnsinnigen leben außerhalb geschlossener Anstalten.*

GENUSS-GENOSSENSCHAFT

Gäbe es nicht schon das Schlagwort »Spaßgesellschaft«, so wäre »Genuss-Genossenschaft« ein schönes Äquivalent. Denn das, was uns so viel Spaß macht, das ist in hohem Maße hedonistisch geprägt. Also genussvoll! Man muss nur die Werbeseiten der Zeitschriften durchblättern, die Radio- und Fernsehspots nach dem Substantiv »Genuss« oder dem Verb »genießen« durchforsten, und man wird eine gigantische Trefferquote haben.

Genuss ist gewissermaßen Pflicht.

Menschen, denen das Leben nicht so geglückt ist und die Verzweiflung signalisieren, denen ruft man zu: »Machen Sie sich doch keine Sorgen, genießen Sie Ihr Leben!«

Es steht zu befürchten, dass es mit dem Ratschlag zum Genuss genauso weit kommen wird wie mit dem Blödsinn vom »positiven Denken«. Wenn jemand draufkommt, dass alles aus dem Ruder läuft, dann raten ihm jene, bei denen alles in Ordnung ist, er möge doch einmal alles positiv sehen. Soll heißen, er möge sich selbst in den Sack lügen und in positivem Irresein die Realität verweigern.

Genuss bis zur Erschöpfung, das ist die Forderung der Stunde, und wer nicht drei herrliche Tage in der Wellness-Oase genießt, eine traumhafte Woche auf den Malediven oder zumindest den Schokoriegel mit zartem Karamell, der versteht nicht zu leben, der ist selbst schuld, wenn er nicht glücklich ist. Denn Genuss macht glücklich. Genuss, der definiert ist als Überangebot, wo es so viele Genüsse gibt, dass man nur durch straffe Organisation möglichst alle ausschöpfen kann, aber doch ein paar auslassen muss, denn gönnte man sich alle, führte das wieder zu Genuss-Verlust.

»Bis zum Ekel geben wir uns dem Genuss hin«, hat jemand über die Genuss-Genossenschaft geschrieben.

Und so verlernen wir, was nicht industriell hergestellte, nicht scharf kalkulierte und vordergründig beworbene Genüsse sind: die Genüsse, die aus uns selbst kommen. Zum Beispiel der Genuss, einem Gedanken nachzuhängen, einem Gefühl nachzuspüren, Muße zu genießen, nicht auf Stand-by zu leben, sondern *aus*zuschalten, sich am Jetzt zu erfreuen, der Genuss, nicht genießen zu müssen.

Verwechseln wir Genuss nicht mit Freude auf etwas, das, wenn es eingetreten ist, zwar konsumiert, aber mitnichten genossen worden ist, weil man sich schon wieder auf die nächste Sensation freut und auf den Genuss derselben.

Genuss ist immer der Augenblick. Der Augenblick, von dem wir uns wünschen, dass er verweilen möge, weil er so schön ist.

Zum Beispiel: Angeln. Angeln ist gedehnte Zeit, gewissermaßen ein ums Vielfache verlängerter Augenblick.

Und wenn wer vorbeikommt und fragt: »Gibt's was Blöderes, als stundenlang dazusitzen und auf einen Fisch zu warten?«

Kann man getrost antworten: »Ja. Dabeistehen und zuschauen.«

PROVOKATION / GENUSS

>>Die Kraft der Republik ist die Tugend.<<
Robespierre zu Danton

>>In unsern Staatsgrundsätzen muss
Wohlbefinden an die Stelle der Tugend treten!<<
Hérault
Georg Büchner: *Dantons Tod*

Gerade wenn ein Text über vermeintlich gängige Begriffe wie *Provokation* oder gar *Genuss* verfasst werden soll, empfiehlt es sich, ins Lexikon zu blicken und sich dessen leidenschaftslos fokussierte Deutung in Erinnerung zu rufen.

Also:
Provokation ist das gezielte Hervorrufen eines Verhaltens oder einer Reaktion bei anderen Personen. Hierbei agiert der Provokateur in einer Weise, dass die provozierte Person oder Personengruppe ein tendenziell erwünschtes Verhalten zeigt.

Genuss wiederum ist eine positive Sinnesempfindung, die mit körperlichem und/oder geistigem Wohlbehagen verbunden ist. Beim Genießen ist mindestens ein Sinnesorgan angesprochen.

Und um das Thema des gegenständlichen Textes zu treffen, müssen die Fragen gestellt werden: Kann man durch Genuss provozieren? Und kann Provokation Genuss sein?

Zunächst ist zu sagen, dass Genuss nichts Verwerfliches ist. Man darf genießen, ja – ruft man sich Epikur ins Gedächtnis – man muss es fast tun, weil das Bedürfnis nach Genüssen in uns angelegt ist und Hedonismus der Sinn unseres Lebens ist, zumindest der einzige, der mit unserem Sensorium wahrgenommen werden kann. Und dennoch: Provoziert Genuss nicht, wenn die sogenannten Reichen ihren Reichtum und die damit erschwinglichen Genüsse ungeniert vor den Augen der sogenannten Armen abfeiern?

Es ist unzweifelhaft Provokation, wenn sich jemand neben einem Obdachlosen eine Luxusvilla baut. Und inwieweit ist es für den Obdachlosen dann Genuss, wenn er seinerseits den Villenbesitzer dadurch provoziert, dass er in dessen Salon beispielsweise seine Notdurft verrichtet? Kann ein Übergewichtiger neben einem gerade in der Anfangsphase der Metabolic-Balance Darbenden mit Genuss eine Leberkässemmel essen, ohne den aufs Heftigste zu provozieren? Oder empfindet eben der den Anblick des futterneidigen Hineinbeißens in solch eine fetttriefende Zwischenmahlzeit im Hinblick auf seine eigene zu erwartende tadellose Figur, die dadurch vermutete längere Lebenserwartung und die ausufernde Leibesmitte und den frühen Tod des Genießers gar als Genuss?

Und weiterspekuliert: Fühlten sich Menschen in Ländern mit unzureichender Versorgung an Grundnahrungsmitteln provoziert, wenn sie Werbung für die unzähligen Zwischenmahlzeiten sähen, die es bei uns gibt, obwohl sie nicht wissen können, was eine Zwischenmahlzeit ist, weil sie schon nur diffuse Kenntnis darüber haben, was eine Hauptmahlzeit ist und darum mit *Lila Pause* nichts anfangen können? Und mit *simplify your life and enjoy* schon gar nichts.

Darf man neben einem Vegetarier ein Speckbrot essen? Oder neben einem Analphabeten lesen, sofern einem das Lesen Genuss ist? Kann man sich im Rapid-Sektor einen violetten Schal umhängen und für die Austria schreien, ohne wegen unerträglicher Provokation erschlagen zu werden? Ist es provokant, sich neben *Conchita Wurst* genussvoll zu rasieren? Oder auf einer Veranstaltung der Volkstümlichen Musik beispielsweise eine Jazz-CD dabeizuhaben? Oder umgekehrt?

Man wirft dem Genuss heute vor, nichts als Genuss zu sein, und man wirft ihm vor, dass er nicht für alle da ist. Genießen die einen den Genuss darum noch mehr? Und fühlen sich andere dadurch provoziert?

Ist jener der Korrekteste, von dem man sagt: »Der ist gar nicht genussfähig?«

Das Gegenteil von Genuss – Askese – ist immer unfreiwillig und muss erarbeitet werden, denn der Verzicht ist stets etwas, das man sich selbst nicht gönnt. Und in der Folge anderen dann auch nicht.

Askese hat immer etwas Sauertöpfisches.

Fassen wir also in bewusster Abwandlung eines Satzes des schon erwähnten Epikur zusammen: *Wem zu wenig genug ist, dem ist nichts genug.*

VORHANG AUF

DIE DELIKATESSE DES GEHOBENEN BOULEVARDS

Nun, wenn hier von Boulevard die Rede sein soll, dann braucht nur peripher erwähnt zu werden, dass keine Prachtstraßen – *Boulevards* – gemeint sind und schon gar keine Erzeugnisse der gleichnamigen Presse.

Delikatesse weist der Boulevard als täglich oder periodisch erscheinendes Druckwerk meist nicht auf, sondern nur befremdend vorschmeckende Überwürzung, und gehoben ist er nie.

Wir verbreiten uns über das Boulevard-Theater.

Und das weist gehobene Delikatesse fast zwangsläufig serienmäßig auf, denn die Stücke spielen in einer meist großbürgerlichen, also *gehobenen* Welt, wo in der Regel gepflegte, korrekt frisierte Herren in ordentlichen Anzügen und grundsätzlich charmante Damen mit beneidenswerten Figuren in ebensolchen Garderoben die Bühne bevölkern. Kaum dass jemand einmal in Lumpen und sichtlich sozial geächtet auftritt; und wenn, dann nur, um das komische Moment, die komische Szene zur schreiend komischen werden zu lassen. Der gehobene Boulevard ist der Lustigkeit verpflichtet, muss daher immer kurzweilig, überraschend, ja, verblüffend sein und darf nie moralisieren. Braucht auch gar nicht zu moralisieren, denn das richtig Böse kommt im Boulevard nicht vor. Die großen Schurken und Schurkinnen müssen draußen bleiben. Der Antagonist ist tabu. Den Teufel gibt es nicht, genauso wenig wie den lieben Gott.

Immer sind es im Ansatz nur zu menschliche Menschen mit lässlichen Sünden, die sich nur durch Verwechslungen, Missverständnisse oder unglückliche Veranlagung in Kästen verstecken oder hinter Sofas kauern müssen. Die zum just ungünstigsten Zeitpunkt das Falschestmögliche sagen, die in Unterhosen auf fremden Balkonen stehen und vergeblich beteuern, dass es nicht das ist, wonach es aussieht.

Der Boulevard zeigt uns eine Welt, in der alles leicht und beschwingt ist, schon einmal fünfe grade sein dürfen, in der nichts geschieht, was nicht zumindest glimpflich ausgeht, und nichts getan oder angetan wird, was zu guter Letzt nicht verziehen werden könnte. Der gehobene Boulevard zeigt uns diese heile Welt aber nicht mit Gesülze und als binsenweise Abgeschmacktheiten, wie andere Genres uns die heile Welt vermitteln wollen, sondern eben gehoben: mit Witz, mit Humor und oft mit erfreulichem Sarkasmus. Er hat keine Botschaft, und man kann im Anschluss an ein gehobenes Boulevardstück auch nicht ausufernd diskutieren.

Worüber denn auch? Nichts war je ernst, und es ist trotzdem gut ausgegangen. Es war nur Tür auf, einer rein, Tür zu, einer raus.

Aus.

Aber: Es war … delikat. Und: vor allem gehoben.

Boulevard hin oder her.

TATORT

Abgesehen davon, dass in der, was die Handlung betrifft, zur Beliebigkeit verkommenen Fernsehserie *Tatort* immer gut ein Drittel der Sendezeit draufgeht, um die privaten Befindlichkeiten des Ermittlerpaares zu bedienen – die einen wohnen zusammen, aber platonisch, die anderen waren früher mal verheiratet, bei anderen wiederum ist die Assistentin des Pathologen eine Zwergin, der Gerichtsmediziner selbst wohnt neben dem ebenfalls kleinwüchsigen Kommissar, der wiederum Untermieter des Pathologen ist –, werden Hausdurchsuchungsbefehle nur bei erdrückenden Verdachtsmomenten ausgestellt. Das wird oft von dem meist männlichen Teil des Ermittlerduos dahingehend übergangen, dass beim peripher verdächtig Erscheinenden, dem von der – kumpelhaft anbiedernd SPUSI genannten – Spurensicherung nichts nachgewiesen werden kann, amtlicherseits (illegal) eingebrochen wird.

Zu beobachten ist, dass die etwas saloppe Abkürzung SPUSI schleichend in das seriöse KTU (Kriminaltechnische Untersuchung) umbenannt wird.

Nacht, außen. Im Cottage-Viertel. Die Straßen sind nach einem vorhergegangenen Wolkenbruch noch nass vor einem sichtlich unbewohnten Haus in einer dürftig beleuchteten Gasse. Der Ermittler holt einen sich (illegal) in seinem Besitz befindlichen Dietrich aus dem Mantelsack.
ERMITTLERIN (*fast unhörbar flüsternd, obwohl im Umkreis von dreihundert Metern kein Fenster erleuchtet und kein Mensch weit und breit zu sehen ist*): He, was machst du denn da?

ERMITTLER *(ebenfalls unhörbar flüsternd)*: Schschht! Nicht so laut.

ERMITTLERIN: Was?

ERMITTLER *(laut)*: Ich ermittle.

ERMITTLERIN: Schschht! *(Besorgt an die Amtsmoral des draufgängerischen Kollegen appellierend.)* Aber wir haben keinen Durchsuchungsbefehl.

ERMITTLER: Glaubst du, der/die *(Name StaatsanwaltIn)* hätte uns einen ausgestellt? Bei der dünnen Beweislage? *(Hat die Tür zum Haus (illegal) geöffnet, um nicht zu sagen aufgebrochen. Interessant am Rande vielleicht, dass man zuerst was aufbrechen muss, um einbrechen zu können.)*

ERMITTLERIN: Wir haben noch nicht einmal den Obduktionsbericht!

Das ist das Nächste, das in jedem *Tatort* (und allen anderen Kriminalfilmen und/oder -Serien) bis zur Sättigung vorkommt:

ERMITTLERIN: Woran ist er/sie gestorben? Ertrunken?

PATHOLOGE: Das kann ich nicht sagen, solange ich sie *(die Leiche; gendern in diesem Falle obsolet)* nicht auf dem Tisch habe, aber ich glaube, die Flecken rund um den Hals könnten Würgemale sein.

ERMITTLERIN: Wann kann ich mit ersten Ergebnissen rechnen?

PATHOLOGE: Nicht vor Anfang nächster Woche.

ERMITTLERIN: Komm, mach keine Witze, Konrad. *(Hier wird, um das hemdsärmelige Betriebsklima zu betonen, oft der Vorname verwendet, in diesem Falle eben Konrad.)*

PATHOLOGE *(bejahend zwinkernd)*: Wir werden sehen, was

sich machen lässt. *(Und zieht die sendungsrelevante Leiche (illegal) vor.)*

Der Pathologe und die Ermittlerin laufen sich nun in der Folge da und dort über den Weg, und Letztere sagt den am öftesten vorkommenden Satz in jedem *Tatort*: »Wo ist der Obduktionsbericht?«

Eine weitere Äußerung, die in jedem Kriminalfilm mindestens ein Mal vorkommt, ist das in gönnerhaftem, oft herablassendem Ton gesagte: »Gute Arbeit.«

Im Übrigen: Wären die Täter so begabt wie in manchem *Tatort* oder gar in jedem *Columbo*, die Polizei im richtigen Leben würde keinem auf die Schliche kommen.

Der am öftesten vorkommende Satz in amerikanischen Krimis neben »Geht rein Jungs, macht euren Job« wird immer im Zusammenhang mit einem Telefonat geäußert. Er lautet: »Für Sie, Lieutenant!«

DIE ENTFESSELTE FANTASY

In sogenannten Fantasy-Filmen sehen wir meist die Wiederverzauberung der Welt.*

Die Rollen sind in der Mehrzahl der Fälle mit namhaften internationalen Schauspielern besetzt, die ihre ganze erlernte Technik einsetzen. Mit ihrer ganzen Kraft verschmelzen sie fast komplett mit der dargestellten Figur, die eine gute Fee, eine böse Hexe, ein guter Zauberer, ein Schwarzmagier, ein gütiger König, ein grausamer Despot, ein weiser Einsiedler oder beispielsweise ein allwissender Fliegenpilz sein kann.

Sie sprechen ihre Texte mit vollem Ernst, keine Sekunde drängt sich eine Spur Ironie vor. Dafür verdienen diese Schauspieler unseren Respekt, und wir haben den Hut vor ihnen zu ziehen.

Es gehört nämlich etwas dazu, mit Überzeugung eine Unterhaltung zu führen, wie:

»Sind Sie der Hexenjäger?«
»Ja!«
»Dann sind Sie unsterblich?«
»Nun ja, ich bin 841 Jahre alt.«
»Oh!«
»Jeden Morgen, wenn ich erwache, schläft die Welt ein wenig ruhiger.«

---

* Alle Dialoge sind weitgehend original transkribiert.

Oder:

»Der Dämonenprinz ist am Leben.«
»Es tut mir leid, ich glaube nicht an Dämonen.«
»Gehen Sie nach Hause, Doktor, und entspannen Sie sich.«

Wie wir wissen, gibt es in Fantasy-Filmen immer die Szene, wo der junge Suchende (ein Prinz, aber er weiß es noch nicht) ein Pferd am Zügel führt, mit einer wunderschönen Prinzessin darauf, die allerdings einen unschönen Buckel hat, weil die *Hexenkönigin* sie verflucht hat. Bei diesen Wanderungen kommen sich die verschiedengeschlechtlichen und selbstverständlich heterosexuellen Protagonisten näher.

»Wer war dein Vater?«
»Er war ein Zauberer.«
»Und?«
»Er ist tot.«
Der Jüngling schweigt pietätvoll. Doch das bucklige Mädchen erzählt unaufgefordert versonnen weiter: »Man hat ihm den Kopf abgeschlagen und die Füße abgehackt, damit er nicht aus dem Grab entkommen kann. Eine sehr wirksame Methode.«
Der Prinz: »Wir müssen den Fluch der Hexenkönigin auflösen!«
»Dazu müssen wir sie töten!«, antwortet die Prinzessin und zieht mutlos den Hals in ihren Buckel.
»Wenn schon«, sagt der junge Draufgänger geringschätzig und legt ihr die Hand vertraulich auf die verstörende Rückgratverkrümmung.

»Wir müssen sie töten und ihr Herz in den *untiefen Abgrund* werfen.«

»Wenn schon«, wiederholt der Bursche tatendurstig.

»Und du musst das Rätsel des *unsterblichen Narren* lösen!«

»Teufel!«, stößt unser Held resigniert hervor und nimmt die Hand von ihrem gebeugten Rücken.

Sie begegnen wenig später dann dem *Untoten aus der unsichtbaren Stadt* und fragen ihn nach dem Weg zur Hexenkönigin.

»Ihr müsst den *Wald der tausend Seufzer* durchqueren.«

»Wenn schon«, sagt der Bursche, der noch nicht weiß, dass er ein Prinz ist.

Der Untote fügt aber mit unerschütterlicher Ruhe hinzu: »Du musst aber reinen Herzens sein!«

»Teufel!«, entfährt es stereotyp dem jungen Mann.

Selbstverständlich töten sie die Hexenkönigin; mit einem orthopädisch tadellosen Computer-Effekt verschwindet der Buckel der Prinzessin, und wir bemerken, dass sie gut einen Kopf größer ist als der junge Haudegen.

Sie heiraten mit dem Segen der Fee *Karbossa* (wobei man zuerst »Kabanossi« verstanden hat), die ihnen den *Schatz des Geschenkten* henkt ... ähhh ... den *Schatz des Gehenkten* schenkt.

Und wenn sie nicht gestorben sind ...

Erwähnt sei noch ein Kurzdialog, nachdem sie sich am Weg zum *Wald der tausend Seufzer* scheinbar rettungslos verfranzt haben, verfolgt von hinterhältigen Gnomen, die im Schutz des Dickichts boshaft kichern.

»Eine unverhältnismäßig hohe Anzahl von Gnomen neigt dazu, sich umzubringen«, sagt die Prinzessin.

»Unsinn, die leben alle noch«, sagt der Prinz.

WER NICHT WIRBT – STIRBT?

WIRB!

Wir – und gemeint sind die, die noch Filme im Fernsehen, und zwar auf Privatsendern, schauen – haben uns daran gewöhnt, dass Spielfilme von Werbung unterbrochen werden. Meist an Stellen, die so spannend sind wie seinerzeit in einem Schundheftl etwa die Stelle, an der *Sigurd,* an Armen und Beinen gefesselt, gerade in eine Schlangengrube geworfen wird, und dann stand: *Fortsetzung folgt.*

Bei Spielfilmen, etwa auf ProSieben, ist man bemüht, die Werbung so zu platzieren, dass der Zuschauer bei der Stange gehalten wird und nicht angefressen zur Fernbedienung greift. Mir jedoch geht es oft und oft so, dass der erste Spot, ja, der erste Satz desselben, mich derartig hartherzig aus einer – beispielsweise – anteilnehmenden Stimmung reißt, dass ich emotional verwirrt bin.

Zum Beispiel bei dem Film *Gandhi.* Gandhi hat sich in den Hungerstreik begeben, verweigert jegliche Nahrungsaufnahme, darbt und verzichtet vor sich hin, wird durch meisterhafte Maskentechnik immer dünner, besteht nur mehr aus Haut und Knochen, da kommt ohne jede Warnung die Werbung, und eine bodenständige Stimme sagt einladend: »Iss was G'scheit's!« und zeigt fettig glänzende Grammelknödel mit Sauerkraut, die von einem – mitnichten hungerstreikenden – heimatverbundenen Athleten schmunzelnd mit gesundem Appetit verzehrt werden.

Das irritiert. Und induziert einen Hass auf das beworbene Produkt, das so pietätlos in einen Handlungsstrang hineinplatzt. Ja, ich beginne bei Ende des Werbespots zu denken: *Mein Gott, was frisst denn der Mahatma nix …*

Es dauert dann eine Weile, bis man in der Geschichte wieder drinnen ist und einen die entsprechende innere Haltung wieder auszufüllen beginnt.

Oder die hundertsiebenundsechzigste Wiederholung von *Ben Hur*. Charlton Heston als Judah Ben Hur besucht gerade Mutter und Schwester in Begleitung seiner Geliebten im *Tal der Aussätzigen*, geht suchend, mit nassen Augen, an elenden, wenig komfortablen Höhlen vorbei, wo die zum Teil grässlich entstellten Leprakranken hausen, ihm Mitleid heischend die Hände – sofern sie noch welche haben – herzzerreißend entgegenstrecken und oft, um die milde Gabe ein wenig generöser ausfallen zu lassen, ihre von der tödlichen Infektion zerfressenen Hautpartien, vor allem im Gesicht, präsentieren.

Und da: Werbepause.

Ein Model, Prototyp des herrschenden Schönheitsideals, mit makelloser, seidenglatter Haut, blickt von Lebensglück überflutet aus dem Fernsehapparat, und eine vertrauenerweckende Stimme erklärt uns etwas von Collagen, Lipiden, Tiefenwirkung und von Hyaluron. Von irgendeiner kostspieligen Kosmetikserie, die auch Problemhaut schön, glatt und faltenlos macht, und dass man sie kaufen muss, »... weil Sie sich das wert sind«.

Das zerstört die dramaturgisch mühsam aufgebaute Stimmung der Traurigkeit und des Mitgefühls, und man ärgert sich ein wenig darüber, dass es in den frühchristlichen Jahrhunderten dieses Produkt noch nicht gegeben hat.

Als kleiner Trost sei gesagt: Judah aus dem Hause Hur entführt dann illegal die beiden Frauen aus dem Tal der Aussätzigen, hinterher eilt die händeringende Geliebte namens Esther. Sie folgen Jesus, der sich mit seinen vielen Fans zur Bergpredigt begibt, und man sieht – von immer wiederkehrenden Großaufnahmen schwärender, nässender, halb verfaulter dermatologisch hoffnungsloser Gesichtshaut-Symptome illustriert – den tiefen Glauben der armen Frauen. Gegengeschnitten mit Sentenzen aus der Bergpredigt, vorgetragen von einem Jesus, der – schaut man genau – ein wenig aussieht wie Alfons Haider mit Vollbart und langem Haar.

Schnitt.

Jesus trägt sein Kreuz, verspottet vom jerusalemischen Pöbel. In der ersten Reihe aber knien aufschluchzend die mittlerweile monströs aussehenden Frauen, heben die gefalteten Hände dem Heiland entgegen. Alfons Haider mit Dornenkrone geht an ihnen vorbei, schaut gequält, aber voller Liebe, und – Wunder – die Haut der drei Damen ist makellos und tiefengepflegt. Was für ein Aufwand damals, dass sich jemand *was wert sein* konnte.

Oder, wenn in einer Sequenz gerade schwere, entwürdigende Armut und betroffen machende Obdachlosigkeit gezeigt werden und plötzlich eine Familie, die in einem Möbelgeschäft wohnt, sagt, was dieses Möbelhaus nicht alles hat.

Wenn nach einer rechten Geraden einer seine Zähne ausspuckt und gesagt wird: »Damit Sie auch morgen noch kraftvoll zubeißen können.«

Wenn nach einer Dokumentation über Deutschkenntnisse, Wortschatzschwund und Dodelsprech geworben wird mit: »So muss Technik.«

Mehr können Sie für Ihre Wäsche nicht tun. Guten Abend.

DIE HOHE KUNST DES WERBE-SCHAUSPIELS

Die Fernsehwerbung für Produkte, die Räumen, Wäschestücken und Achselhöhlen frischen, ja, vitalisierenden, selig machenden Duft verleihen, hat seit Jahrzehnten den gleichen Beginn und das gleiche (wenn nicht gar dasselbe) Ende.

Am Anfang eines solchen TV-Spots signalisiert ein Schauspieler Unmut über den muffigen, unhygienischen, ja ekelhaften Geruch eines Raumes, eines Wäschestückes oder (heute allerdings aus vermutlich politisch korrekten Beweggründen fast völlig verschwunden) von Achselhöhlen. Es fehlt übrigens dringend ein Shampoo gegen *Haarbodengeruch,* der bei bestimmten Menschen das Aroma luftgetrockneter Hühnerkacke suggerieren kann. Auch erwähnenswert ist das feuchte Toilettenpapier mit Avocado und Shea-Butter, das ursächlich dieser Wirkstoffe wirbt: *Mein Verwöhnmoment.*

Er – wobei er meistens eine Sie ist – rümpft irritiert die Nase, blickt unverwandt bis überrascht vor sich hin, und wir, die Zielgruppe, wissen genau: Hier muffelt es. Nicht etwa Sinne raubender Verwesungsgeruch oder ausgeronnene Buttersäure, nein, wir spüren nur einen unerfreulichen, ungewohnten, die Lebensqualität deutlich reduzierenden Mief, der dem ausdünstenden Gegenstand innewohnt.

Und das ist für den Mimen sehr schwierig.

Denn die exakt richtige Dosis, Missvergnügen in seine Züge zu spielen, ist Maßarbeit und große Kunst. Bläht der Künstler nämlich seine Nüstern nur eine Nuance zu stark oder zu schwach, so sind Stimmigkeit und Nachvollziehbarkeit für den Konsumenten beim Teufel.

Verbiegt der Darsteller, um seine olfaktorische Unpässlichkeit zu veranschaulichen, sein Angesicht nur um einen Hauch zu wenig, denkt der Umworbene im endothymen Grunde: No, weiß Gott wie kann's bei denen aber nicht stinken, die braucht nicht so ein Theater machen, die ang'rührte Trutschen. Das Glumpert kauf ich sicher nicht.

Übertreibt der Werbeschauspieler aber seine Mimik, wird er dadurch erst recht abgelehnt; der Zuschauer verabscheut Menschen, bei denen es regelrecht stinkt, widerwärtiger Geruch aus dem Fernseher weht und im nächsten Moment Ungeziefer aus dem Fernseher kriecht.

Sendet das Antlitz des Schauspielers solche Schwingungen, lautet der innere Monolog des Konsumenten: Pfui Teufel, bei denen muss' fäul'n, solche Saubartl'n! Mit solche Drecksäu will ich nix zu tun haben. Das Glumpert kauf ich sicher nicht.

Erst der auf Hundertstelmillimeter peinlich genau eingestellte Ausdruck des Akteurs vermittelt dem Verbraucher Glaubwürdigkeit und Identifikation mit dem symbolisierten Geruch und weckt den Wunsch, das Produkt zu erwerben.

Die Klimax jedes desodorierende Wirkung simulierenden TV-Spots ist jedoch das Ende. Nach der appetitlich demonstrierten Anwendung des bezüglichen Produktes zieht der Künstler den Duft dergestalt ein, dass man meint, es ist das pure Lebenselixier, das er einatmet, das ihm Erleuchtung und Gottesnähe schenkt – und dass er sein Glück darüber selbst gar nicht fassen kann. Dann kommt seine Frau, ist unerwartet mit diesem himmlischen Wohlgeruch konfrontiert und hat mehrere geräuschvolle Orgasmen.

Das ist Kunst, die von Können kommt. Denn die Schauspieler haben keine Zeit, zu proben, und keine Gelegenheit, mit der Rolle zu verschmelzen, sich eine innere Haltung der darzustellenden Figur zurechtzulegen, sie müssen sofort, aus dem Stand, gewissermaßen aus dem Nichts, die richtige Dosis Missbilligung hervorzaubern und dann noch – und das scheint mir das Schwierigste – das ganze Glück dieser Erde darstellen.

In Commercials für Toilettenreiniger ist es am ungeheuerlichsten: Die Toilette wird gespült – Deckel offen –, Zeichentrickblümchen oder Ähnliches schweben durchs Bild, und die Schauspieler kollabieren beinahe, weil es aus ihrem Klo so gut riecht und ihm der Sinn und die Erfüllung des Daseins entströmt.

Und wir kaufen es dann, wenn wir das nächste Mal im Supermarkt sind, selbst wenn es ein bisschen teurer ist als das schmucklos gestaltete Produkt eines Mitbewerbers.

Das Einzige, was der Hausverstand in Österreich sagt, ist: BILLA.

PLÖTZLICH IM RADIO, WERBUNG

JA! NATÜRLICH-SCHWEINDERL: Du, Bauer …

JA! NATÜRLICH-BAUER: Was denn, Schweinderl?

SCHWEINDERL: Du, unsere Schweindln sind so schön rund und fett.

BAUER: Ja natürlich, Schweinderl.

SCHWEINDERL: Und so g'sund schaun s' aus, gell, Bauer?

BAUER: Da schaust, Schweinderl, was?

SCHWEINDERL: Die kriegen ja auch nur das Feinste vom Feinen, gell, Bauer?

BAUER: Das weißt ja selber, Schweinderl.

SCHWEINDERL: Die werden den Leuten schmecken, gell, Bauer?

BAUER: No was glaubst, Schweinderl.

SCHWEINDERL: Haha … Die werden dann jetzt bald einmal abg'stochen, gell?

BAUER: Freilich, was sein muss, muss sein, Schweinderl.

SCHWEINDERL (*fröhlich*): Haha, tust mi gar a abstechen, Bauer?

BAUER: Ja natürlich, Schweinderl.

SCHWEINDERL (*quiekt panisch*): Na, Bauer, des kannst net machen!

BAUER: Da gehst her, Sau, blöde.

SCHWEINDERL: Wer soll denn dann die Werbung machen, wanns d' mi abstichst, Bauer? Vielleicht gar a jüngeres Schweinderl?

BAUER: Ja! Natürlich.

Wo BIO anfängt, hört *Ja! Natürlich* auf.

WAS ES ALLES GAB, NICHT MEHR GIBT UND UMGEKEHRT

Ganz viele erreichten das Erwachsenenalter, als es vieles noch nicht gab, was es heute gibt, dafür gibt es vieles nicht mehr, was es früher gab. Zum Beispiel: Lexikon, Karteireiter, Telegramm, die Silan-Faserschmeichler, Ariels Clementine, das Lenor-Gewissen, den Blockmalzmann. Und Staubsauger-Vertreter. Staubsauger-Vertreter verkaufen Staubsauger, Volksvertreter verkaufen …

Ebenso Wählscheiben auf Telefonapparaten, Vierteltelefone, wie man sagte. Wenn man sich nicht ohnehin durch Hervorbellen seines Namens – »Voitl!« – meldete, sondern – was als ungezogen galt – nur »Hallo« sagte, dann fragte der Anrufer ein wenig indigniert: »Herr Voitl?«

Dann sagte Herr Voitl: »Am Apparat.«

Wann immer das Telefon läutete, hob man ab, und je nach Veranlagung, Laune oder Gesamtsituation hauchte, schnauzte oder brüllte man »Voitl« in den Hörer. Oder »Matzku« oder gar »Zwachula«.

Manchen Menschen ist dieser Reflex damals so in Fleisch und Blut übergegangen, dass sie, selbst wenn es bloß an der Tür klingelte, sie ein Radfahrer warnte oder die Straßenbahn läutete, ihren Familiennamen hervorstießen: »Matzku!«

Heute wäre es schlicht unmöglich, blamabel und geschäftsschädigend, würde ein – noch dazu junger – Mensch in der U-Bahn sein impactstark läutendes Handy abnehmen und etwa »Kothbauer!« schreien.

Und: Kaum jemand weiß heute noch, dass man zum Kondom früher einmal *Nahkampfsocke* sagte.

Heutzutage sind es meist Worte, Begriffe, Fachausdrücke gewissermaßen, die den Voitls, Matzkus und Kothbauers vollständig unbekannt waren. Wer konnte seinerzeit schon Daten instream erfassen und Analytics Hadoop Trials optimal in active, predictive Performance einbinden, ohne den Impact of Digitalization zu reduzieren?

Niemand hätte mit Hatespeech, Shitstorms, Wut-Tsunamis etwas anzufangen gewusst.

Wer ahnte damals was von Anspruchsverhalten, von Anforderungsprofilen oder Ambiguitätstoleranz? Von Beziehungsmanagement, Disziplinartechnologie, Verdinglichungsprozessen, kollektiver Selbstwirksamkeit oder Synchronresonanz. Wer sprach von Effizienzorientierung, rasendem Stillstand, Entfremdungsindividualität, Willkommenskultur, Sehnsuchtserzeugung oder Kultivationshypothesen? Niemand konnte mit Safe Spaces, Micro Aggressions oder Trigger Warnings etwas anfangen.

Wer kannte Verfügbarkeitsmomente, institutionelle Wirklichkeiten, Scheinauthentizitäten, vorindustrielle Rückwärtsgewandtheit oder Pseudoökologie? Zugriffsgeschwindigkeit auf Informationen und Antworten in einer Nanosekunde (0,000000001 Sekunde)? Bald ist das vielleicht schon in einer Pikosekunde (0,000000000001 Sekunde) möglich.

Irgendwann werden wir bereits Antworten bekommen, bevor wir noch Fragen gestellt haben.

Man brauchte früher dieses lauwarme Gefühlsgemisch aus Ekel, Verachtung und Mitleid nicht, das heute als Toleranz bekannt ist. Man wusste, dass man mit Verachtung sparsam umgehen muss, weil es so viele Bedürftige gibt.

Und man wusste: Andauerndes Versagen führt zu Erfolglosigkeit.

Und *postfaktisch!* Das Einzige, das bei der Post faktisch war, ist gewesen, dass man nicht umsonst gesagt hat, *man gibt einen Brief auf.*

Es war egal, ob man Hure mit einem oder zwei »r« geschrieben hat, weil man immer »gnädige Frau« sagte.

Und man dachte nicht darüber nach, ob Vogel ein »geflügeltes« Wort ist.

Es waren Zeiten, wo man Fehler machen konnte, die es heute gar nicht mehr gibt. Es gab im Fernsehen keine Werbeunterbrechungen, aber: Es gab einen Sendeschluss.

LIEBE IST EIN SCHWAMMIGES GEFÜHL

LIEBE IST, VOM ANDEREN DEN SCHNUPFEN ZU BEKOMMEN

Es gibt heute ja kaum glückliche Beziehungen mehr, außer vielleicht das Trachtenpärchen auf der Almdudler-Flasche. Glücklich im Sinne aktiven Glücks, wo man aneinander wächst, einander begehrt, dem anderen imponieren möchte, ihn verblüffen, ihm/ihr tief in die Augen blickt und allein davon dieses Ziehen in den Lenden bekommt, wenn die Eifersucht quält und man jeden begehrlichen Blick von Dritten sofort mit einem Kinnhaken ahnden möchte, auf der anderen Seite aber doch stolz ist. Mit einem Wort, das Glück der großen Liebe, auf der Lustspitze der außerordentlichen Verliebtheit. Danach zerfallen, zerbröckeln und degenerieren die großen Gefühle, verweht das Glück langsam in einer lauwarmen Brise und veralltäglicht vor sich hin. Der Alltag, besonders der graue, macht uns ja alles kaputt, nicht nur die Liebe.

Alles womit man anfänglich Freude hat, auch materielle Dinge, mündet nach einiger Zeit in die Beliebigkeit, und nach ganz langer Zeit wandelt sich der Zustand zu einem Ding, das zu Beginn Bedeutung und Seele hatte, dergestalt, dass man von ihm als Staubfänger, *Kramuri*, spricht und sich der Entschluss verdichtet, es wegzuwerfen.

Liebe. Pah! Ein schwammiger Begriff. Was in Büchern und auf Theaterbühnen nicht schon alles mit Pathos, Eifer und Inbrunst hineingedichtet, -geheimnist und -spekuliert worden ist, was da von Pavarotti bis Ramazotti in Opern darüber schmetternd und schluchzend gesungen, in Operetten und Musicals geschnulzt und geraunzt, in Schlagern geheult, geröhrt und gequietscht worden ist, ohne auch nur die geringste Präzision in den Begriff des Phänomens »Liebe« hineinzubringen. Sämtliche Deutungs- oder Erklärungsversuche sind letztlich nichts als abgeweidete Banalitäten, infantile Schwärmereien, zweifelhafte Metaphern und obsolete Poesie.

Sehen wir uns das doch genauer an:
»Die Liebe ist ein wilder Vogel ...« (Georges Bizet, *Carmen*)
Unfug.

»Die Liebe ist eine Himmelsmacht ...« (Johann Strauß, *Zigeunerbaron*)
Ein läppischer Versuch, die Religion in die Liebe hineinzureklamieren.

Connie Francis nimmt es da viel leichter:

Die Liebe ist ein seltsames Spiel,
sie kommt und geht von einem zum andern.
Sie nimmt uns alles,
doch sie gibt auch viel zu viel.
Die Liebe ist ein seltsames Spiel.
(Connie Francis, Howard Greenfield. Ralph M. Siegel)

Bitte lesen Sie die Stelle mit »... sie *gibt* uns alles, doch sie *nimmt* auch viel zu viel ...« Das ist ein sogenannter *Nullsummensatz*.

Während Roland Kaiser uns auf den Boden der Realität zurückholt:

»Warum hast du nicht nein gesagt …«
(Roland Kaiser, Maite Kelly/Roland Kaiser)

Bemerkenswert ist: Verliebtheit ist nicht gleich Liebe.

Aber: Der Vorläufer der Liebe ist die Verliebtheit, das heißt, Liebe ist die Endstufe einer Entwicklung.

Das Schlüsselwort dieses Axioms ist *Endstufe*. Denn wenn der Vorläufer, die Verliebtheit – ein Zustand der Entrücktheit und gewissermaßen des latenten Schwachsinns –, aufhört vorzuherrschen, beginnt die End*stufe*, die sich über das End*stadium* bis zur vollständigen Abwesenheit von Liebe – eventuelle Rudimente ausgenommen – auflöst.

»Liebe ist nichts anderes als die kurzzeitige Versöhnung zweier Gegner.« (Friedrich Nietzsche)

Man erinnert, dass man nur geheiratet hat, weil man sich im Urlaub nicht selbst den Rücken einschmieren konnte und mittlerweile die Zuneigung zum Partner mit dem Quadrat der Entfernung wächst.

Eine aus der Welt der Liebeslieder herüberreichende Arbeit behandelt dieses Phänomen, ohne es freilich ausreichend zu erklären, mit:

»Liebe mich, immer und ewiglich …«
(Blue Diamonds, Seymour Simons/Gerald Mark/Ralph M. Siegel)

Das ist etwas, was realiter nicht erfüllt werden kann, denn mit den Jahren und Jahrzehnten – falls eine Ehe/Lebensgemeinschaft so lange andauert – reißen Euphemismen wie Freundschaft, Kameradschaft, Zusammengehörigkeit und

Lebensmenschentum ein. Beschönigungen, die in Wahrheit Gleichgültigkeit, Gewohnheit, Trägheit, Desinteresse, Leidenschaftslosigkeit und Ablehnung heißen müssten.

An Stammtischen hört man oft die humorvoll sein wollende, aber diffuse Verzweiflung ausdrückende Bemerkung: »Meine Frau will immer nur das eine: dass ich sie in Ruh lass.«

Frauen wollen immer einen *Piraten* kennenlernen, um sich in ihn zu verlieben und sich an seinem Testosteron abzuarbeiten. Wenn es aber dann was *Ernstes* wird, dann möchten sie mit einem Buchhalter zusammenleben, der aus dem männlichen Geschlecht ausgetreten ist. Wäre der Mann so gewesen, wie die Frau ihn für das Leben an ihrer Seite möchte, sie hätte ihn als verklemmten Spießer abgelehnt und gar nicht erst kennengelernt. Dennoch wünschen sich Frauen, auch wenn der Mann längst auf Familienvater zusammengestaucht worden ist, im Ernstfall wieder einen Piraten. Einen Helden und Draufgänger, wenn es gilt, die Frau zum Beispiel vor – sei es verbalen oder physischen – Über- oder Untergriffen zu beschützen und – sei es verbal oder physisch – einzuschreiten. Wenn der Buchhalter dann aber einem sichtlich gewaltbereiten, noch nicht auf Mist-Rausträger bagatellisierten Manne gegenübersteht, dann wird er klein beigeben. Die Frau, die sonst alles Virile, Aggressive empört von sich weist, wird ihn als Schlappschwanz und Schnarchsack beschimpfen und sich obendrein ärgern, dass sie ihn mit Sexentzug nicht mehr strafen kann, weil er ohnehin froh ist, wenn es nicht ist.

Der Internationale Frauentag endete bei ihm immer in einem Herrenabend.

Dahin mündet also der trübe Fluss Zweierbeziehung nach etlichen Jahren, bis er und sie sich selbst als zu alt, abstoßend und inkoitabel erleben und die Hoffnung auf einen neuen, aufregenderen Lebenspartner fahren lassen, in der Gewissheit, dass auch der/die andere, wenn überhaupt, nur noch im Blindenheim flirten kann.

Gewohnheit, Sprachlosigkeit und nicht selten unterschwelliger Hass dominieren die meisten Ehen mit zunehmender Dauer und führen dazu, dass – meist – die Witwe am offenen Grabe trocken schluchzt und dann aufatmend sagt:

»Kommt's, Kinder, gemma auf ein Gulasch.«

Was von der Verwandtschaft dann interpretiert wird mit:

»Sie trägt's mit Fassung.«

Die Liebe ist also nichts Erhabenes, im Gegenteil, sie hat etwas Tückisches, bekommt nach Verstreichen von Zeit etwas Klebriges und verkehrt sich zum Ende hin in ihr Gegenteil.

Man darf es – als Mann* – durchaus mit Nestroy halten: »Prächtige Frau, saubere Frau, junge Frau, superbe Frau – aber mir g'schieht doch leichter, wann s' aus 'n Zimmer geht.« (Johann Nestroy, *Frühere Verhältnisse*)

Im Zweifelsfalle gilt: Keine Ehe vor dem Sex.

---

* Über den Blickpunkt der Frau soll sich meinethalben eine Kollegin den Kopf zerbrechen.

DAS GLÜCK ANDERER STÖRT DAS EIGENE UNGLÜCK

Man muss gar nicht in einer unglücklichen Beziehung leben, wie gesagt wird, es kann eine ganz gewöhnliche sein, die routiniert und sensationsfrei im Rahmen seiner eigenen Biografie erledigt wird, dennoch darf man eines nicht: ein glückliches oder gar verliebtes Paar zu sich nach Hause einladen.

Denn das macht mit der Zeit aggressiv, weil es einem die Aussichtslosigkeit der eigenen Situation in den schärfsten Konturen vor Augen führt. Der Ton der geführten Unterhaltung wird kühler, weil der Small Talk, den man mit dem unerträglich glücklichen Paare führt, ständig aufs Geschmackloseste verziert wird von »nicht wahr?« und »Ja, Liebling«, unterbrochen von unangenehm tiefen, vielsagenden, post- oder präkoitalen Blicken, notdürftig versteckten zärtlichen bis Seligkeit verheißenden Berührungen und ekelhaftem Dauerlächeln.

Nach und nach beginnt sich im beiläufig zusammenlebenden Gastgeberpaar der Wunsch nach Zertrümmerung dieses taktlos vorgeführten widerwärtigen Glücks breitzumachen.

ER I *(Gastgeber)*: Wir haben vorgestern so gestritten, weil die gnädige Frau unbedingt eine Indien-Rundreise machen möchte und ich das so gar nicht will.

SIE I *(Gastgeberin)*: Du hast ja so was von kein Kulturbedürfnis, du willst nur an irgendwelchen asiatischen Stränden liegen, den ganzen Tag essen und süffeln und dir von armen, gedemütigten Modernisierungsverliererinnen die Füße massieren lassen.

ER I: Gedemütigte Modernisierungsverliererinnen, dass ich nicht lache! Aber in Indien, wo die Toten verreckt auf Pappendeckeln herumliegen und alle glauben, die schlafen nur ... Die willst du dir anschauen, du ... du Sozialvoyeurin, du.

SIE II *(verliebte Gästin, peinlich berührt)*: Geh, hört's auf ... einfach lieb sein.

ER II *(verliebter Gast)*: Jaaa ... ihr werdet euch schon einigen ...

ER I *(schenkt allen einen großen Grappa ein, hebt das Glas)*: Also, willkommen, fühlt euch wie zu Hause.

SIE I *(lauernd)*: Streitet's ihr auch oft wegen dem Urlaub?

SIE II *(klebrig)*: Nein, wir streiten nie, wir sind uns immer von vornherein einig, nicht wahr, Schatz?

ER II *(siebensüß)*: Ja, Liebling. Wir waren letztes Jahr im Februar in Bali. Herrlich. Das war ein richtiger Liebes- und Kuschelurlaub. Nicht wahr, Schatz?

SIE II *(mit degoutantem Speichel in den Mundwinkeln, verklärt grinsend)*: Ja, Liebling. *(Sie knetet schnurrend sein Ohrläppchen.)*

ER I *(nach einem kurzen diabolischen Seitenblick auf* SIE I*)*: Februar? Da ist doch Regenzeit in Bali.

SIE II: Nein.

ER II: Ja.

SIE I *(mit beginnendem Triumph,* ER I *anblickend)*: Also was jetzt?

ER I *(schenkt beiden einen zweiten großen Grappa ein)*: Auf euch, ihr zwei Turteltauben!

SIE II *(beschwichtigend)*: Offiziell, sag ich einmal, *ist* Regenzeit, ja, aber es regnet einmal da, einmal dort, und immer nur maximal eine halbe Stunde, wenn überhaupt. Nicht wahr, Schatz?

ER II: Ja, Liebling, aber erinnere dich: Gleich die ersten vier Tage hat es quasi durchgeregnet …

SIE II: Ja, aber nur dort, wo wir waren. Die Grazia und der Erwin waren zur selben Zeit auf Bali und haben gesagt, bei ihnen hat es nicht geregnet.

ER II *(in leicht verschärftem Ton)*: Schau, Liebling, was nützt es mir denn, wenn es bei der Grazia und beim Erwin nicht regnet, aber bei uns schüttet wie aus Schaffeln?

SIE I *(zart sarkastisch)*: Geh, hört's auf … Einfach lieb sein. *(Schenkt zur Auflockerung noch einen großen Grappa ein.)*

ER I: Ihr werdet's euch doch nicht wegen ein bissel Regen in die Haare kriegen.

SIE II: Aber nein, nicht wahr, Liebling?

ER II *(beiläufig)*: Ja, Schatz. *(Wendet sich ER I zu.)* Weißt, »ein bissel Regen« ist schamlos untertrieben. Es hat gegossen, verstehst du, *gegossen*, aber wie! Eine Sintflut! Vorm Hotel ist der Noah g'standen mi'm Werkzeug und hat die ersten Brettl'n für seine Arche z'samm'g'nagelt.

ER I und SIE I *(lachen, ein wenig übertrieben.)*

SIE II *(pikiert)*: Also eines muss ich dir schon sagen, mein Lieber … Das ist jetzt überhaupt nicht lustig. Wir haben dann nach den vier Tagen noch zwei herrliche Tage gehabt, wo es nur am Nachmittag ein paar Minuten geregnet hat.

ER II: Ein paar Minuten? Es hat eine gute Stunde geschüttet, wir haben fluchtartig den Pool verlassen müssen und waren nach den paar Metern in unseren Bungalow waschelnass … Und saukalt war es auch … Ich hab mich sogar verkühlt. Erinnere dich … Liebling!

SIE II: Verkühlt? Dass ich nicht lach … Zwei Mal g'schneuzt hast dich … in mein Bikinihöschen hinein … Das war alles.

SIE I: Gebt's euch a Busserl und Schwamm drüber.

ER I *(diabolisch)*: Ihr tut's ja grad so, wie wenn ihr schon fünf-zehn Jahre verheirat' wärt's. *(Er schenkt beiden noch einen großen Grappa zur weiteren Enthemmung ein.)*

SIE II: Aber er meint's ja nicht so, er hat nur die blöde Ange-wohnheit, mich runterzumachen, wenn Leut dabei sind. Ich weiß auch nicht, warum. Wahrscheinlich, weil er einen Min-derwertigkeitskomplex hat oder so was ... Nicht wahr, Schatz? *(Sie möchte ihm durchs Haar streichen.)*

ER II *(wendet sich ab)*: Was du manchmal für einen Blödsinn absonderst ... Wieso hätt denn ich einen Komplex? Ich hab dir hundert Mal gesagt, Jänner, Februar ist Regenzeit auf Bali! *Regenzeit.* Der Rezeptionist hat blöd asiatisch gegrinst, wie wir einmal vollkommen durchnässt vom Joggen zurück-gekommen sind, und g'sagt: »Rainseason, Madam. This time of the year, always rainseason.« Aber du in deiner Bijoujou-Art hast immer g'sagt: »Tatatütatata, aber geh, wirst schon sehen, tu ein bissel positiv denken.«

ER I: No, was habt's ihr denn gemacht, wenn es die ganze Zeit geregnet hat?

ER II: Positiv gedacht!

SIE I und ER I *(lachen und schenken noch einen großen Grappa ein.)*

SIE II: Sehr lustig, haha ... Wenn du dich nur auf meine Kosten profilieren kannst ... Ich weiß nicht, was ich dir getan habe ... *(Beginnt trocken zu schluchzen.)* Für mich war es ein sehr schöner Urlaub, wir waren doch glücklich *(aufschluch-zend)* – oder hast du mich diese ganze Woche nur angelo-gen?

ER I: Ich bitte dich, reg dich doch nicht so auf ...

74

SIE I: Komm, trinkt's noch ein Glaserl Grappa.

ER II: Sei doch nicht so hysterisch. Was hätt ich denn machen sollen? Wenn ich mich so aufg'führt hätt, wie ich ang'fressen war, wärst du doch dauernd angepisst gewesen, und ich hätt überhaupt nix g'habt von diesem »Urlaub«.

SIE II *(starrt ER II eine Weile weidwund an)*: So. Bitte seid's nicht bös. Ich möcht jetzt gehen. Du kannst noch bleiben und dich über mich lustig machen, aber ich kann nicht mehr …

ER I und SIE I *(halbherzig)*: No geht's … Wollt's noch einen Grappa?

SIE II: Danke, er hat schon genug!

ER II: Jetzt sei doch nicht so zickig …

SIE II *(empört)*: Ich bin nicht zickig! Ich lass es mir einfach nicht mehr gefallen, wie du dich mir gegenüber verhältst, wenn andere Leute dabei sind. Das kränkt mich!

ER II: Hör schon auf jetzt, das ist ja krank …

SIE II *(laut)*: Was kränkt, macht krank!

ER II *(an ER I und SIE I gewandt)*: Bitte entschuldigt's, sie hat ihre Tage, da ist sie immer so …

SIE II *(sehr laut)*: Halt doch dein loses Maul, du … du …

ER I und SIE I: Kinder, bitte!

ER II und SIE II *(verabschieden sich mit nur geringem Ausdruck des Bedauerns.)*

ER I und SIE I *(leise)*: Jetzt bleibt's doch noch … auf einen Grappa …

(ER II nimmt SIE II am Oberarm und möchte sie bei der Tür hinausführen, sie reißt sich zornig los. Beide ab.)

ER I und SIE I *(lächeln einander konspirativ an.)*

ER I: War doch nett, nicht wahr, Liebling?

SIE I: Ja, Schatz.

EIN EHEPAAR ERZÄHLT EINEN WITZ*

Bei einem gut besuchten Wiener Heurigen zu vorgerückter Stunde. Ein Ehepaar jenseits der sechzig sitzt an einem Tisch. Vor einer guten Stunde hat ein einzelner Herr mit der Frage: »Is da no frei?« nach der Antwort der Dame: »Jo, leider, haha« Platz genommen. Nach anfänglich peinlichem Schweigen und einigen Gläsern Wein ist man doch ins Gespräch gekommen.

Besonders die Dame zeigt sich geschwätzig und möchte dem neu hinzugekommenen Herrn unbedingt einen Witz erzählen. »Weil Sie sag'n ›b'soff'n‹ ... Kennen Sie den? Kommt a Mann heim mit einer Fahne, no, was soll ich Ihnen sagen, und er schleppt sich im Stiegenhaus in den dritten Stock und ...«

»Geh Trudl, ich bitt dich, des is doch ganz wurscht, in welch'm Stock der wohnt ... Der kommt afoch heim, sperrt ganz leise die Tür auf und ...«

»Na, Erich, es is immer desselbe mit dir, du erzählst die Witz immer so ... so schmucklos. An Witz muss man gut erzöh'n! Horch'n S' gar net auf ihn, da hätt'n S' gar nix davon, wann er Ihnen den Witz erzählt ... Eine reine Hudlerei ... So ist er bei allem, wenn S' versteh'n, was ich mein. Also pass'n S' auf. Der schleppt sich die Stieg'n auffe, die Schuh hat er in der Hand, dass er keinen Lärm macht und seine Frau nicht aufweckt ...«

»Ich bitt dich, Trudl, jetzt hör schon auf ... Warum soll sich denn der schon im Parterre die Schuh auszieh'n, wenn er im

---

*   Sehr frei nach Kurt Tucholsky

dritt'n Stock wohnt? Das ist doch ein Blödsinn … so b'soff'n kann man doch gar nicht sein …«

»No geh … haha … Er muss was red'n. Wissen S' … der war einmal so b'soff'n, dass er …«

»Trudl! Aus! Das gehört doch gar nicht da her … Überhaupt interessiert das den Herrn nicht! Was hat denn das mit dem Witz zu tun, man verliert ja ganz den Faden …«

»Ja, aber nur, weil du einem ständig ins Wort fallst. Weil's dir nicht passt, Erich, wenn es sich einmal nicht um dich dreht, wenn ich auch einmal was zu sagen hab! Wieso g'hörert denn das jetzt nicht da her, wie du in deinem Rausch seinerzeit die ganze gegenüberliegende Häuserwand ang'spie …«

»Trudl, ich flehe dich an, erzähl jetzt den Witz, aber sei ruhig.«

»… überhaupt zieht sich der die Schuhe erst am Ende vom zweiten Stock aus, also dort, wo der dritte Stock anfangt, und ab da hätte ihn seine Frau sehr wohl hören können, noch dazu, wo's hinter der Wohnungstür g'stand'n ist mit einem Besen … Oi, jetzt hob ich mich vaschnappt, das kommt ja erst später …«

»No bitte, da hast es … jetzt is der ganze Witz beim Teufel, den brauchst gar nimmer erzähl'n, Trudl. Schaun S', Herr, der ganze Witz geht so: Ein B'soffener kommt heim, sperrt ganz leise die Tür auf. Auf einmal …«

»Einen Dreck sperrt der die Tür jetzt auf, Erich, der sperrt die Tür noch lang nicht auf … zuerst zieht er sich die Schuh aus und geht ganz leise die drei Stöck rauf …«

»Der war doch schon im dritt'n Stock, hab ich g'laubt, und hat sich die Schuhe erst dort aus'zog'n?«

Ein Handy läutet.

»Erich, Telefon! Heb ab! Mein Mann, jetzt telefoniert er, jetzt hab'n wir eine Ruh. Also pass'n S' auf, der geht also die Stieg'n rauf, ganz leise ... mit den Schuh'n in der Hand ... Versteh'n S'? Kommt endlich zu seiner Wohnungstür, sperrt auf, ob ganz leise oder nicht, auf das kommt's nicht an, das bildet sich nur mein Mann ein, weil er glaubt, nur er kann einen Witz erzähl'n ... Ein Mittelpunktmensch, versteh'n Sie? So weit offen den Schlapfen, aber nichts dahinter ... Der sperrt also die Tür auf, steht seine Frau mit ein Besen hinter der Tür ... Er is ganz baff und sagt ...«

»Trudl, es ist für dich, es ist die Grete ...«

»... das sagt er natürlich nicht ... haha ... Horch'n S' gar nicht hin ... Er sagt ... Erich, sag der Grete, i ruf sie gleich z'rück ... Also wie g'sagt ... der steht da mit den Schuh'n in der Hand, sieht seine Frau mit dem Besen hinter der Tür, ist ganz perplex und sagt ... jetzt pass'n S' auf ... was wir schon g'lacht hab'n über den Witz ... sagt der zu seiner Frau, die eben mi'm Besen hinter der Tür steht ... sagt der ... also ... äh ... sagt der ... warten S' gleich ... fallt's mir ein ...«

»Haha ... jetzt hängt s' ... sehn S'? No, was sagt er denn, Trudl ... haha ... Was sagt er denn? Aber Hauptsache, wir wiss'n, in welchem Stock er sich die Schuh auszog'n hat ...«

Der einzelne Herr mischt sich ein: »Sagt der nicht: ›Was ist los, Mausi? Willst z'sammkehr'n oder fortflieg'n?‹«

Die Dame ist sprachlos. Dann: »Was? Ja genau, das sagt er ... Sie hab'n den Witz schon kennt? Also das find ich unverschämt ... Hätt'n S' das nicht gleich sag'n können? Erich, bitte sag auch einmal was!«

»No, wirklich, Herr. Da strudelt man si ab, erzählt einen wirklich gut'n Witz, und knapp vorm Schluss verrat'n S' die ...

die … wie sagt man, Trudl? … Was setz'n wir sich überhaupt zu Ihnen? Komm, Trudl, wir gehen, zahlen tun wir draußen an der Schank … Komm, brauchst nicht grüß'n, Trudl, der Herr ist uns unsympathisch …«

Beide ab.

ALLTAG IST NICHT
EIN TAG IM ALL

IMMER WIEDER SONNTAG

Sonntag ist ein Ausnahmezustand, denn Sonntag, das ist für gewöhnlich Familie, Verwandtschaft, Spaziergang, im Sommer Ausflug, auswärts essen, Jause, mehr oder weniger wertvolle Gespräche, die Kinder, die Kindeskinder, Sonntagsbraten und – heute nicht mehr gültig: Sonntagsg'wand.

Sonntag aber auch: Zerwürfnisse, Attacken, je nach Entanimalisierungs-Stadium nicht nur verbal, Entzweiungen, Aufbrechen alter Wunden und Montagsschlagzeilen in entsprechenden tagesaktuellen Medien, wie: »Mann würgt Frau im Affekt bei Kuchen und Kaffee. Schwiegertochter kann das Schlimmste verhindern.«

Sonntag, das ist das kleine wöchentliche Weihnachten, gewissermaßen. Nur, dass die erwähnten Medien nach den Weihnachtsfeiertagen schreiben: »Mann erschlägt im Affekt Frau mit Hacke unterm Lichterbaum. Auch Schwiegertochter verletzt.«

Darum hat *Immer wieder Sonntag* etwas Sinistres, ja Satanisches, Tag des Herrn hin oder her. Aber *Immer wieder Sonntag* sagt auch – kaum weniger perfid – vor allem durch immer *wieder* – etwas über Vergänglichkeit.

Alles fließt, heißt es, und weil alles fließt, fließen auch wir. Von Sonntag zu Sonntag, noch dazu immer wieder, bis wir – je nach Blick auf die Welt – aufhören zu fließen oder angekommen sind, wie gerne gesagt wird. *Immer wieder Sonntag* bringt eine Art Struktur in die fließende Vergänglichkeit, durch die wöchentliche Wiederkehr des Gleichen.

Der Psychiater Viktor Frankl prägte den Begriff »Sonntagsneurose«. Sie tritt ein, wenn die Menschen eine Depression befällt, da ihnen die Inhaltsleere ihres Lebens bewusst wird, weil am Sonntag die wochentägliche Betriebsamkeit ruht und das existenzielle Vakuum in ihnen aufbricht. Darum trifft man wahrscheinlich sonntags so viele Jogger, die versuchen, ihrer Leere davonzulaufen.

Am Montag beginnt der Zyklus neu. Wir fließen, getrieben von der Lächerlichkeit des Alltags, und viele seufzen ab Mittwoch: »Ach, wenn nur schon Sonntag wär!«

Und am Sonntag, ahnend, dass wieder eine Woche dem irreversiblen Vergangenen anheimgefallen ist, seufzen sie dann verwundert und im Innersten resigniert: »Was? Schon wieder Sonntag? Kinder, wie die Zeit vergeht.«

Wenn bei dieser Äußerung tatsächlich Kinder anwesend sind, blicken sie meist ratlos drein, und wir sind ihnen bei der Suche nach dem Sinn des Lebens nicht behilflich, wenn wir nicht dazusagen: Wir leben überhaupt nur, weil die Zeit vergeht.

Immer wieder Sonntags ist ein Evergreen von Cindy und Bert, Traumpaar der deutschen Trivialmusik aus dem vorigen Jahrtausend.

Den Älteren unter uns ist sicher auch noch der unbezwingbare Schlager *Ein Schiff wird kommen ...* im musikalischen Gedächtnis. Er wird in einem Film mit Jules Dassin und Melina Mercouri gesungen.

Der Film heißt: *Sonntags... nie!*

WAS ICH NICHT WEISS, LÄSST MICH KALT

So simpel es klingt: Wovon wir nichts wissen, das kann uns nicht die Laune verderben. Das erregt uns nicht, das weckt den Neid in uns nicht, das macht uns keine Panik, das ist, das geschieht, das schreitet fort, und weil wir nichts davon wissen oder gar ahnen, bleiben wir fidel.

Darum könnte man von einer Art Verantwortungslosigkeit der Nachrichtenindustrie sprechen, die neurotisch – vorwiegend besorgniserregenden – Neuigkeiten hinterherhechelt, um uns zu informieren und in der Folge zu beunruhigen. Und dann müssen wir Hungersnöte, Abschlachtungen, Massenfluchten und solche Sachen verdrängen, und das mit sinkendem Erfolg, weil die Nachrichtenmaschinerie nicht müde wird, immer wieder davon zu berichten, uns ans Faktische zu erinnern, und die Medien sich in der Entsetzlichkeit der gesendeten Bilder schamlos kompetitiv verhalten.

Wenn spekulativ von sich ankündigenden Finanzkrisen geschrieben wird, dann ist gleich darauf von drohender Arbeitslosigkeit die Rede, bevorstehenden sozialen Unruhen. Die Leute bekommen Angst, kaufen nichts mehr, sparen – kontraproduktiv – für schlechte Zeiten, vor denen sie sich gar nicht fürchteten, würden sie von all dem prognostizierten Unglück nichts wissen.

Der Kapitalismus bringt sich selber um, indem er durch dramatisch formulierte Information über sein Schwächeln die Menschen abhält, weiter froh zu konsumieren und so das System am Laufen zu halten. Weil deutlich weniger konsumiert wird, schrumpfen die Umsätze und vor allem die Gewinne der

Industrie, der Konzerne. Diese entlassen Mitarbeiter, die sich nun als Arbeitslose noch weniger zu konsumieren trauen. Die Unternehmen müssen weitere Einbußen kompensieren, hören auf zu investieren und beginnen, andere Unternehmen zu schädigen, die dann zahlungsunfähig werden, wiederum Leute entlassen müssen … et cetera.

Würde von Anbeginn an nichts Beängstigendes *nach außen* dringen, keiner sich sorgen müssen oder Existenzangst bekommen, sondern *business as usual* machen, nichts wäre, vielleicht nicht einmal Abschlachtungen, Hungersnöte jedweder Art im In- und Ausland.

Würde nicht ruchbar werden, ja, nicht einmal der Verdacht aufkommen, dass der eine Ehepartner den anderen »betrügt«, würde keiner von beiden dem anderen hinterherschnüffeln, die Ehe bliebe aufrecht und niemand hätte Stress.

Soange ich nicht weiß, dass irgendwo ein Heckenschütze lauert, der nur darauf wartet, dass ich ihm in die Schusslinie laufe, sperre ich mich nicht zu Hause ein und zucke nicht bei jeder Fehlzündung eines Mopeds zusammen. So lange mir niemand sagt, dass ich nur noch drei Monate zu leben habe, sondern mich im Gegenteil bestärkt, alles ist gut – und ich glaube das dann auch noch –, bin ich heiter und unbeschwert. Werde nicht depressiv, sitze nicht angstgebeutelt und suizidgefährdet dumpf herum und starre nicht düster vor mich hin.

Es ist das *Wissen* um unsere Sterblichkeit, das uns tötet.

KRISE-SCHRÄGSTRICH-HUMOR

Krise: Unsere Vorfahren nannten das einfach »schlechte Zeiten«.

Im Japanischen schreibt man Krise mit zwei Zeichen, eines davon bedeutet Gefahr, das andere Gelegenheit. Ja, die Weisheit Asiens. Zwei Zeichen, dialektisch gesetzt. Gefahr als These, Gelegenheit als Antithese. Daraus folgt die Synthese: Auf gefährliche Gelegenheiten kann ich verzichten.

Und: Beim Humor hört sich der Spaß auf. Haha.

Ja und, werden Sie vielleicht sagen, zur Sache bitte, sprechen Sie doch von der Rezession, von der klaffenden Einkommensschere, von der Jugendarbeitslosigkeit, von der Altersarmut, von Occupy Wall Street und von den Neoliberalisten, die da meinen, man möge nicht demonstrieren, sondern besser arbeiten, auf dass man (auch) reich werde. Sprechen Sie von der Migration und vom gleichnamigen Hintergrund.

Konsumgüter-Fabrikanten werben mit flotten Liedern und archaischen Slogans wie: Luxus ist ein Recht! Geiz ist geil. Weil Sie es sich wert sind. Rubbeln Sie sich reich. Alles ist möglich. Nachbar in Not? Ja, natürlich, weil Herr Lauda nichts zu verschenken hatte!

Und dazwischen ein bissel Humor, eine aufmunternde Strophe aus einem Gassenhauer: »I leb in ana Woikn und des is mei eig'ne Wöd. I hab a Sanduhr ohne Sand und hob mein Reichtum ohne Göd.«

Haha, ja, so ist das.

Was zerbrechen wir uns den Kopf über Krisen, die unsolidarische Gesellschaft? Machen wir es wie die interessanten Wissensmagazine und diskutieren wir die wirklich relevanten Themen wie: Können Computer schizophren werden? Sind satte Richter milder? Macht Müll intolerant?

Fragen wir die Gottvertrauer, warum es dort, wo es ohnedies genug Wasser gibt, ständig regnet, bis alles in Sintfluten versinkt, und dort, wo eine gnadenlose Sonne nichts als Dürre herbeisengt, kein Tropfen Regen fällt. Sagen wir ihnen, wenn da ein Schöpfer, der sich einmischt, am Werk ist und uns … hähä … liebt …, dass so einer, der solche fatalen Fehlleistungen bringt, in der Privatwirtschaft nach vierzehn Tagen weg wäre.

Und wieder Humor, haha, noch ein Liedl, das uns den Weg weist: »A Mensch mecht i bleib'n, weil es is zum Speib'n, was de Leut olles auffiahrn wegen dem depperten Göd. Es is doch ganz was anders des zöhd.«

Ja, was denn? Was zählt denn? Wer zählt was? Ich zähle täglich meine Sorgen …?

»Pfo, ich krieg die Krise«, ist längst aus den Stereotypen der Jugendsprache verschwunden, denn der junge Mensch kann die Krise nicht mehr kriegen, er hat sie schon. Und die Krise zieht Kreise!

»Störe meine Kreise nicht«, sagte Archimedes und ward von einem römischen Soldaten erschlagen.

Wir sollten gewisse Kreise sehr wohl stören, um den Teufelskreis von Soll und Haben zu unterbrechen. Uns wird schon keiner erschlagen, denn aus den Römern sind Italiener geworden.

Aber auch der Humor selbst steckt in einer Krise! Wir werden von Comedians belagert, die wild grimassierend den Hanswurst machen und den Quoten-Witz reißen, über den die Werbewirtschaft auch lacht, weil sich die Primärzielgruppe amüsiert zeigt, selbst wenn es sich oft und oft schlicht um Klowitze handelt. Haha.

»Die Comedy ist die Blondine des Kabaretts!«, sprach Ottfried Fischer. Und mit was?

Mit Recht.

Ja, ja, Humor ist, wenn man trotzdem lacht. Aber nicht trotz allem.

Überhaupt ist Humor oft nur die Höflichkeit der Verzweiflung.

ERWARTUNG

Erwartung – in der Psychologie auch: defensiver Pessimismus – ist gegenüber der Prognose etwas frei Wählbares.

Die Erwartung ist mehr in den Bezirken des Wünschens angesiedelt, und wünschen kann man sich ja alles. Indem man sich aber etwas wünscht, nimmt man automatisch die stets leicht verkrampfte Erwartungshaltung ein, die vom orthopädischen Standpunkt her nur ungenügend erforscht ist. Allerdings kann man auch etwas ganz und gar nicht Wünschenswertes erwarten, was an der Erwartungshaltung vermutlich nur insofern etwas ändert, als man das Manifestwerden solch einer negativen Erwartung in einer Verteidigungsstellung erwartet. Zwar hofft man, dass es nicht eintrifft, aber wenn doch, dann so, dass man nicht getroffen wird.

Der Boxer nennt das Deckungsarbeit.

Dazu kommt: Positives Denken ist grundsätzlich widersinnig, weil die normative Kraft des Faktischen nicht ignoriert werden und tatsächlich Negatives nicht schöngedacht werden kann. Oder sagen wir so: zwar schöngedacht werden kann, aber dadurch nicht schön werden wird.

Wie soll man sich schon einen heftigen Nagelpilzbefall am rechten großen Zeh schöndenken. Oder gar nach dem bedenklichen philosophischen Ansatz sagen: »Noch ein Glück, dass der linke Zeh nichts hat.«

Schon die Weisheit der Tante Jolesch, »Gott soll einen hüten vor allem, was noch ein Glück ist«, führt jeden fatalistischen Euphemismus ad absurdum.

Viele Menschen wagen gar nicht mehr, etwas zu erwarten. Sie haben auch kaum noch Vorsätze, obwohl vorsätzliche Morde mit Sicherheit weiterhin vorkommen werden. Schaut man dem Volke aufs Maul, wie gesagt wird, dann bemerkt man, dass die Unterlippe ein wenig hängt, als würde der geschlossene Mund ungeahnte Weisheiten zurückhalten. Beim Volksmund kommt es eben nicht darauf an, was er sagt, sondern was er zu verschweigen droht.

Warten und damit erwarten ist verlorene Lebenszeit. Wobei das an sich sinnleere Warten auf den Bus erst dann sinnvoll wird, wenn der erwartete Bus kommt. Je länger man auf den aber warten muss, desto fragwürdiger wird das Eintreffen desselben, weil auch der dadurch induzierte Transport von A nach B letztlich keinen Sinn, sondern wenn, dann nur einen Zweck hat.

Erwartungen sind ohnehin nur dazu da, um enttäuscht oder gar übertroffen zu werden. Nehmen Sie's, wie's kommt, denn Erwarten führt zur Selffulfilling Prophecy, vor allem, wenn man das Schlechte erwartet.

Freuen Sie sich auf etwas, das schon eher. Aber sich auf etwas freuen, nimmt uns wiederum die Wertschätzung für das Hier und Jetzt, es richtet unseren inneren Blick in eine nur ungewiss schönere Zukunft.

Bleiben wir der Gegenwart gewärtig.

Sagen wir zum Augenblick: »Verweile, du bist so schön«, wenn er es denn verdient.

Weil: Jedes neue Jahr wird einmal ein altes sein.

KAUM WIRD GESPROCHEN, REDET MAN

WOS HAAASST, HEAST

»Wos haaßt« wird in Österreich gerne hervorgestoßen, um einen Inhalt, ein Vorkommnis, eine Situation zu hinterfragen, wobei die Betonung deutlich auf »Wos *haaßt?*« liegt.

Um ein geharnischtes Gegenargument oder gar einen tätlichen Angriff anzukündigen, wird dieses oft mit einem »heast« am Ende kombiniert: »Wos haaßt, heast?«. Bekräftigt man eine Tatsache, beginnt man gerne mit »No« und betont etwas unterschiedlich: »No, wos haaßt, heast …«

Ich darf und durfte immer wieder Gespräche wie das folgende belauschen:

»Der Ferdl is krank.«
»Wos haaßt?«
»Krank is er halt.«
»Wos haaßt krank?«
»Krank halt, mi'm Darm hat er irgendwas.«
»Wos haaßt mi'm Darm?«
»Wos waß i, er is im Spital. Sie müssen ihn wahrscheinlich operieren.«
»Was haaßt operieren?«
»Sie müssen ihm was außeschneiden, glaub ich, a Stückl vom Darm.«
»No, habe d'Ehre!«
»No, wos haaßt, heast …«

Der Zustand einer Gesellschaft bildet sich in der Sprache ab.

KEINE HAUPT- OHNE NEBENWIRKUNG

Das Ursache-Wirkungs-Prinzip, wie es gerne am Beispiel der einen Billard-Kugel, die die andere anstößt, veranschaulicht wird, beinhaltet, so lange es sich um rein physikalische Ursachen und Wirkungen handelt, keine Nebenwirkungen.

Es gibt grundsätzlich nur die Wirkung. Wirkung brutto sozusagen.

Ohne Abzüge.

Bei einem Medikament entstehen, wie gewusst wird, Nebenwirkungen. Es gibt also die eigentliche, die Wirkung netto, und gewissermaßen die Wirkung Tara – die diversen Nebenwirkungen –, die dann zusammen die Wirkung brutto ergeben.

Die Wirkung von Medizinen wird nicht von der Ursache induziert, respektive – wenn wir beim Bild der beiden Billardkugeln bleiben wollen – angestupst, sondern die Wirkung hat (im Krankheitsfall) das Ziel, die Ursache zu eliminieren. Die Nebenwirkungen von angestoßenen Billardkugeln sind gleich null, gehen über total vernachlässigbare Abnutzung des grünen Filzes und die im Nano-Bereich liegende Verkürzung des Queues nicht hinaus. Egal wie gewaltig die Ursache ist.

Im medikamentösen Bereich steigen die Nebenwirkungen, je gewaltiger die Wirkung zur Beseitigung der Ursache ist.

In der Heilkunde, besonders bei ernsten Fällen, gibt es keine Wirkung ohne, meist ungünstige, Nebenerscheinungen. Daher sind Heilsversprechen wie »ohne Nebenwirkungen« unseriös und in den Bereich *Placebo* zu verweisen.

Man kann also die Evidenz bemühen: keine Haupt- ohne Nebenwirkung.

Darum sind Werbungen in einschlägigen Periodika wie abgeschmackten Frauenzeitschriften oder von Sonnensymbolen dominierten Gesundheitsmagazinen oder Biobroschüren unseriös.

Zum Beispiel:
GUTE NACHT, WADENKRAMPF
Mit der Kraft des sibirischen Rhabarbers
Die Kraft ganz gewöhnlichen inländischen Rhabarbers wäre für Frauen mit verkrampften Waden unglaubwürdig. Da muss es schon der sibirische sein, denn der impliziert zumindest feinstofflich eine Neben- und daher auch eine Hauptwirkung.

Oder:
STÄRKT GEDÄCHTNIS UND KONZENTRATION
Mit Ginkgo-Biloba-Trockenextrakt
Wirkstoff: EGb 761

Auch:
GESUNDE GEFÄSSE SIND ROSA
Mit pflanzlichem Arginin

Oder:
WOHLBEFINDEN UND INNERES GLÜCK
Mit Johannisbeeren-Konzentrat in Kaskaden-Fermentation

Genauso:
GEGEN SCHWINDELBESCHWERDEN

Mit Duokomplex aus Gelsemium sempervirens und Anamirta cocculus

Und:
MILBEN, DER FEIND IN MEINEM BETT
Enthält den rein pflanzlichen Extrakt Makalin aus dem Samen des persischen(!) Eisenholzbaumes

In allem ist irgendein »Wirkstoff« dabei, der ein wenig nach Nebenwirkung klingt, um eine maximale Hauptwirkung zu implizieren.

Außer vielleicht bei:
SCHNUPPERKURS FÜR BECKENBODENGYMNASTIK

(Völlig wirkungslos dürften allerdings Abnehmkapseln sein, auf deren Verpackung steht: *Jetzt mit 50 % mehr Wirkstoff.*)

Die meisten Leute werden nicht 90, weil sie zu lange 40 bleiben wollen.

MEZZIE

Jiddisch für: gutes Geschäft, günstiger Kauf. »*A gebentschte Mezzie*« – prima Schnäppchen, manchmal aber auch: billige Sache, wertloses Zeug.

Eine Mezzie, ein gutes Geschäft also, glauben jene Menschen zu machen, die beispielsweise an Samstagen(!) nach Sopron fahren, um etliche Fünfliterglaser mit eingelegten Gewürzgurken zu kaufen, weil es diese bei uns um *des Göd*, wie gesagt wird, nirgends gibt.

Dass sich diese Menschen, selbst wenn sie austherapierte Gewürzgurken-Connaisseurs sind, am Ende nichts ersparen, liegt auf der Hand. Im Gegenteil, der niedrigere Anschaffungsnettopreis ist keine *Mezzie,* und wenn doch, dann nur im Sinne von *billige Sache,* weil es sich ja um – siehe oben – wertloses Zeug handelt.

Es ist erheiternd, hört man Menschen zu, die einander erzählen, ja, vorrechnen, die betreffenden Rechnungen vorweisend, was sie Wunderbares für *ka Göd* wo erstanden haben. Da wird um die beste *Mezzie* beinahe faustgekämpft und immer wieder gesagt: *Wo kriagst denn heute so was; no dazua um des Göd.* Oder auch nur: *Kost ja nix.*

Niemand fragt die Preisritter, geschweige denn, sie fragten sich selbst, was sie jetzt mit dem »ersparten« Geld anfangen werden. Was gar nicht geht, ist, dass man beispielsweise nach dem Bericht einer solchen Best-Price-Odyssee fragt: Und was machst du jetzt mit diesen sechs Euro, die du dir gespart hast? Ein Latifundium kaufen, eine Weltreise antreten?

Gerne antwortet man dann listig, wenn auch ein wenig pikiert: *Da sechs Euro, dort sechs Euro sind zwölf, einmal umdraht, san vierundzwanzig, und dann in' Spiegel g'schaut, san achtundvierzig.*

Was Menschen bei Räumungsverkäufen oder bei mittels schriller Werbung angekündigten *Fast-geschenkt*-Aktionen auf sich nehmen, um sich – wie man hört – *ein paar Netsch* zu ersparen, die gerade vielleicht einmal für ein paar gebührenpflichtige Toilettenbesuche reichen, ist geradezu grotesk.

Die *Schnäppchenjäger*, wie es seit einigen Jahren sprachüberschwappend heißt, werfen jede Contenance, jedes Schamgefühl, jede Selbstachtung von sich, um an irgendwelche billige, in finsteren, nicht klimatisierten Hinterzimmern in Bangladesch zusammengenähte Textilien zu gelangen.

Ein Wiener Kleiderhaus versprach einmal für den Eröffnungstag allen, die nackt erscheinen, eine blaue amerikanische Arbeitshose um einen Schilling. Hunderte erschienen splitternackt schon gut dreißig Minuten vor Geschäftsöffnung und hämmerten an die verschlossenen Glastüren, mit unverhohlener Gier in ihrem unverschämten Grinsen. Unklar blieb, wo die Kunden den einen Schilling, den die Hose ja kostete, *eingesteckt* hatten. Im Mund können sie ihn nicht gehabt haben, denn sie grunzten und quiekten wie Säue, die einmal in der Woche kurz rausdürfen. Wo auch immer sie den Schilling aufbewahrten, bleibt Spekulation.

Frauen, häufig in ihren Attacken von ihren Gatten unterstützt und durchaus nicht ausschließlich aus gesellschaftlichen Niederungen, drängen rücksichtslos bei Wühltischen, rammen schon einmal einer vorschnellen Mitbewerberin den Ellbogen

in die kurzen Rippen oder reißen hastig einer anderen Ware
aus der Hand.

All das aber ist keine Mezzie.

Eine Mezzie ist ein in Ruhe, Besonnenheit und eventuell
begleitet von einem alten Cognac getätigtes Geschäft, das für
beide Teile vorteilhaft erscheint. Nach dem man zivilisiert aus-
einandergeht und jeder glaubt, den anderen übervorteilt zu
haben, und beide denken: *A wilde Mezzie.*

Vor allem verlieren sie nicht das dabei, was angeblich unan-
tastbar ist.

Die Würde.

EIN WORT FÜR FAST ALLES

Es heißt und hieß vor allem, dass das österreichische *Oida*, in verschiedenen Betonungen und Färbungen ausgesprochen, gewissermaßen das Urwort alles Österreichischen wäre. Dem ist und war vor allem nicht so. Das österreichische Urwort ist und war vielmehr *Schaß* (bitte mit gedehntem >a< zu sprechen). Und das später durch Lautverschiebung entstandene *Scheiß*.

Zunächst ist es ja so, dass alles Scheiß… sein kann, von A bis Z. Wie oft, wenn jemand von seinem *Auto* spricht, hört man Scheißkraxn oder Scheißkiwe, beziehungsweise von einer Zeitung: Scheißbladdl. Das ungeliebte Kind: der Scheißbankert – bis zu den verachteten Eltern: die Scheißoidn.

Weit interessanter aber ist die Untersuchung der zahllosen Redewendungen, die mit Scheiß/Schaß gebildet werden können.

Allein die Bedeutungsvielfalt des Seufzers: »I scheiß mi au!« ist enorm, vor allem, wenn er als hilfeheischender Ausruf hervorgebracht wird und Katastrophales ankündigt, im Sinne von »No, den Schaß hab i braucht!«

Interessant ist auch die Variante, die zur Einleitung oder Abmoderation von ungewöhnlichen Vorkommnissen im Perfekt benutzt wird: »I hob mi ang'schiss'n.« Oder im Rahmen einer Sinnestäuschung: »I hob glaubt, i scheiß mi an.«

Oft erhält man vom Publikum nach dem Besuch einer Kabarett-Veranstaltung die kollektive Auskunft: »Mir hob'n si ang'schiss'n vua Loch'n!«

Es muss aber nicht heißen, dass die Vorstellung nur halb-lustig war, wenn berichtet wird: »Mia hob'n si hoibat an-g'schiss'n.«

Die Aufforderung zu Mut und Entschlossenheit »Geh kumm, scheiß di nix« wird vor allem gebraucht, um jemandem die notwendige Energie zu geben, eine von vornherein ver-schissene Situation zu meistern. Man warnt vor Unbesonnen-heit mit »Moch kan Scheiß«, empfiehlt Geringschätzung eines Nebenmenschen mit »Der soi doch scheiß'n geh«, mit der direkten Aufforderung zum Stoffwechsel »Gengan S' scheiß'n« oder mit der Einladung, die Notdurft im eigenen privaten Sani-tärbereich dessen, der die Aufforderung ausspricht, vorneh-men zu dürfen: »Bei *mir* … kennan S' scheiß'n geh'n.«

Beim Substantiv »Schaß« ist die ökologisch-biologische Variante »a Schaß im Woid« besonders hervorzuheben.

Dass uns diese Rhetorik auch ins Reich der Dinge entführt, die unser Auge erfreuen, ja das Ästhetische betonen, zeigt deutlich die Äußerung:
»A *schena* Schaß.«

Und die deftig-bekömmliche Variante:
»No des is a *g'sunder* Schaß.«

Den Makrokosmos, das Voluminöse, das Gigantische drückt die Sentenz aus:
»A *bozn* Schaß.«

In das Reich der Mythen, weil immer wieder gehört, jedoch nie beobachtet oder erschöpfend beschrieben, entführt uns der

Schaß mit Quasteln, möglicherweise ein weitschichtiger Verwandter des *Fliegenden Spaghettimonsters.*

Um dieses naturgemäß unvollständige Essay abzuschließen, eignet sich die tiefe Enttäuschung über eine irreversibel verfahrene Situation: »Des is außer a Schaß nur ... g'schiss'n.«

Man vernimmt, dass in den Großstädten Japans in den Restaurants der Oberschicht auf den Damentoiletten Musik aus Präzisions-Endgeräten schallt, deren Lautstärke deutlich über *Hintergrundmusik* hinausgeht. Dieses geschieht nur deshalb, um die in den WC-Kabinen beim Entleeren der Blasen oder Därme unvermeidlich entstehenden Geräusche zu übertönen, damit die Damen nicht verschämt erröten müssen, wenn sie nach Erledigung wieder aus den Kabinen heraustreten, und eine andere Dame, die warten musste, bis die Reihe an sie kommt, nicht die genannten Töne ihrer Vorgängerinnen zu hören bekommt. Davor hat der Japaner ja panische Angst.

So sind sie halt, die Japaner.

Auch in Mitteleuropa und, wie ich meine, vermehrt in Österreich, hat – technisch nicht so ausgereift – eine Ablenkungstechnik Platz gegriffen. Wenn auch noch nicht auf den Toiletten mit Hauben ausgezeichneter Restaurants, wo höchstens dezente, nur knapp über der Wahrnehmungsschwelle liegende bedeutungslose Dudelmusik gespielt wird.

Naturgemäß ist es für Japanerinnen mehr als qualvoll, in unseren Breiten den Abort aufzusuchen und dann ganz vorsichtig und vor allem ganz leise zugange sein zu müssen. Gerade die paranoid geräuschlose Verrichtung, die sich in der Mehrzahl der Fälle nicht völlig geräuschlos verrichten lässt, kann man sich denken, führt zu unbekömmlicher Verkrampfung und verringert die danach subjektiv empfundene Entspanntheit deutlich.

In Österreich hat sich laut Geschichtsschreibung zu Mozarts Zeiten (vermutlich aber weit früher) eine ganz andere diesbezügliche Camouflage entwickelt. Überwiegend bei Männern hat sich die simple, um nicht zu sagen primitive Verschleierungsmechanik durchgesetzt, wenn sich eine Flatulenz ankündigt, sich kräftig zu räuspern oder wenn es hintereinander mehrmals tönt, zu husten, in schweren Fällen gar einen Hustenanfall vorzutäuschen, um die körperliche Äußerung zu übertönen.

Wenn Sie sich also mit einem tadellos gekleideten Herrn mit gräflichen Manieren über die Malerei der Romantik austauschen und der sich, obwohl bei klarer, unbelegter Stimme, urplötzlich laut räuspert, dann können Sie sicher sein, er räuspert sich vorn, um das Räuspern a tergo akustisch zu neutralisieren.

Wenn es notwendig wird, so laut wie ein latent Lungenkranker zu husten, und das manchmal bis zu zehn Sekunden lang, kann es geschehen, und es geschieht auch immer wieder, dass die Salve weggeräuspert wird – bis auf den letzten Schuss, der sich löst und mit dem man nicht mehr gerechnet hat. Dieser steht dann wie eine Fehlzündung gewissermaßen als auditiver Monolith im Raum.

Höfliche, wohlerzogene Menschen gehen über so ein nur allzu menschliches Missgeschick souverän hinweg. Höfliche, aber zynische Zeitgenossen legen den Hauch, allerdings den unübersehbaren Hauch eines wissenden Schmunzelns auf ihre Gesichtszüge, und der Verursacher des Zwischen*knalls* ist über die Maßen peinlich berührt, lässt sich aber nichts anmerken, denn das – jenseits aller Etikette – Vorkommnis ist nie vorgekommen.

Wie gesagt, nur bei Menschen der ausreichend gebildeten Oberschicht läuft das so rituell diskret ab.

In derben Stadt-/Landwirtshäusern zum Beispiel und generell in der sogenannten bildungsfernen Bevölkerung geht man damit weit unbekümmerter um. Wenn da dem einen was passiert, dann fragt der andere interessiert und mit einem Anflug von Glückwunsch in der Stimme: »Hast du grad a Putschi lass'n?«

»Ja.«

»Recht hast, wer gut pforzt, der braucht kann Orzt.«

Und das Gespräch geht bedenkenlos weiter.

Und nun frage ich Sie: Ist dieser entspannt unbeschwerte, mühelos legere Umgang mit diesem Phänomen nicht dem verklemmten Getue der Hautevolee bei Weitem vorzuziehen?

Noch dazu: Ein Schaß ist schließlich auch eine Art, mitzuteilen, dass man lieber allein sein möchte.

»MAN MUSS NICHT KRETIN SAGEN, WENN MAN NUR TROTTEL MEINT«*

Der Wortschatz ist ein Schatz, den es stets neu zu heben gilt, für den man ein Schatzsucher bleiben muss und der, wenn man so will, immer woanders vergraben ist. Ein Wortschatz wächst in erster Linie, aber er schrumpft auch.

Beispiel: Im alten Rom gab es kein Wort für Dieselöl, weil es zu jener Zeit kein solches gegeben hat. Und heute in der Postmoderne ist das Vokabel *Trireme* weitgehend unbekannt, weil es Triremen längst nicht mehr gibt.

Für Interessierte: Eine Trireme war ein rudergetriebenes Kriegsschiff des Altertums und vom sechsten bis zum dritten Jahrhundert vor Christus das wichtigste Kriegsschiff der Seemächte im Mittelmeer.

Und wenn ich hier von Wortschatz rede, dann – aus gegebenem Anlass – vom österreichischen Wortschatz. Das Österreichische ist für Österreicher – und mein Wortschatz ist zu klein, um ein anderes, weniger furchtbares Wort zu finden – ›identitätsstiftend‹.

Wir trinken den Kaffee zwar noch überwiegend aus *Häferln* und nicht aus *Tassen*, stellen aber die Milch bereits vermehrt in den *Kühlschrank* und nicht in den *Eiskasten*, während *Tschüss* das *Baba* fast schon verdrängt hat und *bist du deppert, is des guat* durch *lecker* bereits beinahe ersetzt worden ist.

Die wertvollsten Stücke eines Wortschatzes sind jedoch Synonyme. Sodass man nicht sagen oder schreiben muss: Ich

---

* Karl Kraus

gehe dorthin, ich gehe dahin, ich gehe hierhin und dann gehe ich wieder heim, sondern statt gehen: abhauen, bummeln, eilen, flitzen, hasten, hetzen, hinken, humpeln, huschen, kriechen, latschen, laufen, marschieren, rasen, rennen, schleichen, schlendern, schlurfen, schreiten, schwanken, spazieren, stolzieren, tänzeln, taumeln, wandeln, wandern, waten, watscheln, wetzen, wieseln, zischen. Versuchen Sie es nachher mit *Tisch*.

Danach sollen wir streben, um vermittels eines reichhaltigen Wortschatzes uns möglichst präzise ausdrücken zu können und einem Zuhörer oder Leser zu vermitteln, was er sich, und vor allem wie er sich etwas genau vorzustellen hat. Synonyme förderten und fördern die kolloquiale Entanimalisierung des Menschen. Und das ist in einer Gegenwart der Sprachverknappung besonders bedeutsam, leben wir doch in einer Zwischeneiszeit der Homonyme.

Die Adjektive *cool, arg, geil* zum Beispiel werden für ein halbes Universum von Eigenschaften herangezogen und überwiegend mit der Vorsilbe *ur-* gesteigert; also urcool, urarg, urgeil. Da und dort hört man statt *ur-* noch die Vorsilben *mega-, total-,* und bei geil wird nicht selten das Substantiv *Affentitten-* vorangestellt.

Also: Auf lasst uns brechen und auf die Socken machen, um zu Hütern des verlorenen Wortschatzes zu werden.

Abschließend sei noch frei nach Ludwig Wittgenstein zitiert: »Wo unsere Sprache endet, endet unsere Welt.«

WEM SEIN WURSCHTL SIND SIE?

»I bin net Ihna Wurschtl« oder häufiger »I bin *do* net Ihna Wurschtl« wird in Österreich – mit einem deutlichen Ost-West-Gefälle – gerne gesagt und drückt eine rigide Ablehnung eines Ansinnens aus, das von einem Nebenmenschen an einen herangetragen wird.

Selbstverständlich gibt es, wie bei fast allem im österreichischen Idiom, eine Vielzahl von Varianten; in diesem Falle etwa:

»I bin do net Ihna Trottel.«

»I bin do net Ihna Bedienter.«

Oder, was wiederum hauptsächlich in Wien üblich ist:

»I bin do net Ihna Schani.«

Die Verweigerung als unzumutbar empfundener Aufhalsung von Dienstleistungen ist so weit verständlich, wäre da nicht der inhärente Hinweis auf herrschende Besitzverhältnisse: »I bin do net *Ihna* …« Wurschtl, Trottel, Schani …

Es genügte ja für eine unmissverständliche, gerade Kommunikation, zu sagen: »I bin ka Wurschtl.« Oder die rhetorische Frage zu stellen: »Bin i a Wurschtl?«

Nein.

In diesen Fällen soll nicht nur die geforderte Dienstleistung abgelehnt, sondern auch jedes Arbeits- oder Abhängigkeitsverhältnis von vornherein in Abrede gestellt werden. Bestünde nämlich ein solches Verhältnis, müsste auf die Vermutung eines Außenstehenden: »Du bist do net dem sei Wurschtl!« geantwortet werden: »Ja, leider scho.«

In größeren Betrieben wird einzelnen Mitarbeitern nachgesagt: »Der is doch dem Chef sei Wossaträger.« Was genau damit gemeint ist, entzieht sich meiner Kenntnis; klar ist allerdings: Kompliment ist es keines. Mir ist aus der fernen Zeit einer Ferialpraxis, wie es damals hieß, in Erinnerung, dass von einem Kollegen behauptet wurde, er würde dem Abteilungsleiter, einem gewissen Herrn Kowasz, über die Maßen liebdienern, dass man sich in die Formulierung »Der is do in Kowasz sei Zumpferlhoida« verstieg.

Je weniger offiziell eine Situation ist, desto intimer gewissermaßen werden die herabwürdigenden Bezeichnungen von Personen, die man nicht ist und schon gar nicht im Eigentum angehört.

In einer Ehe ist man dann halt nicht »Ihna«, und auch nicht »dein« Wurschtl, Bedienter oder Trottel, vielmehr geht es hier konkreter zur Sache. Meist von Ehefrauen kommt dann: »I bin do net dei Putzfrau«, oft auch: »I bin do net dei Putzfetz'n« oder, wenn der angeheitert heimkehrende Gatte ungewöhnliche oder für die Partnerin anstrengende erotische Wünsche äußert: »I bin do net dei Schlamp'n! Geh do doch zu deine Hurna, wanns d' soiche Sauereien wüst!« Dass eine eheliche Verweigerung in diesen rüden Worten vorgebracht wird, hat vor allem in der Unterschicht Verkehrsgeltung; in gehobeneren Kreisen heißt es etwa: »Ich bin doch nicht deine Kurtisane! Geh doch zu einer deiner Mätressen, wenn du dir solche Ordinäritäten wünschst.«

Meinen tut es allerdings das Gleiche, wenn nicht dasselbe.

Bemerkenswert ist eventuell noch, dass man »Ich bin nicht Ihr Wurschtel« auch auf Englisch sagen kann, nämlich: »I'm not your jack-in-the-box.«

Auf Italienisch: »Io non sono il vostro arlecchino.«

Und auf Französisch: »Je ne suis pas ta zozo.«

Wenn wir also ehrlich sind, ist jeder und jede irgendjemandes Wurschtl oder Ähnliches.

Machen Sie sich eine Liste mit den Namen der Personen, deren Trottel, Schani, Bedienter, Putzfetzn … et cetera Sie sind, aber vehement behaupten, es nicht zu sein.

Sie werden staunen.

DAS LEBEN IST EINE REISE ...

ENTSCHULDIGUNG, SIND SIE TOT?

An den Stränden sogenannter Luxusdestinationen wie Mauritius, Malediven, Seychellen, Bora Bora und so fort liegen überwiegend betagte bis hochbetagte Menschen. Auf komfortabelst gepolsterten Liegen ruhen sie, angetan mit kostspieliger Markenbademode, teuren Uhren und opulentem Schmuck.

Junge Menschen, vor allem junge Paare, sind selten. Weniger selten sind junge Frauen mit älteren, ledig braungebrannten Männern mit stetem Hungergefühl im Gesicht. Aber essen ist nicht, denn dann schwillt die Leibesmitte, und die jüngeren Frauen finden sie dann sexuell nicht mehr attraktiv. So als ob sie sie jetzt attraktiv fänden mit der schlaffen überflüssigen Haut am Körper, den blondierten Haaren und dem lächerlichen Dreitagesbart. Der alte Liebhaber täuscht Freude an sportlicher Aktivität vor, um danach kurzatmig und ausgepumpt, am Rande einer Ohnmacht auf die Strandliege zu fallen, einzuschlafen, um wehrlos schnarchend vom Fluch der Hinfälligkeit zu träumen.

Die richtig alten Menschen aber liegen in Eintracht auf ihren Strandbetten, schlafen ruhig, friedlich, möchte man sagen, atmen so flach, dass genauso sein könnte, sie atmeten gar nicht mehr. Ihre Köpfe sind auf eine Seite gekippt, ihre Münder stehen offen, und vor allem, sie bewegen sich nicht. Da zuckt kein Mundwinkel, da wippt kein Zeh, da wird keine Nase krausgezogen, da blinzelt kein Auge, da steht der Tod neben dem Strandkorb. Gäste und vor allem Personal wagen nicht zu prüfen, ob noch Leben in den Greisen ist, denn es wäre – vor allem für das Personal – überaus peinlich, wenn es an dergestalt

Aufgebahrten ein wenig rütteln und, wenn kein unmittelbares Lebenszeichen kommt, fragen würde: »Excuse me, Sir. Sorry, Madam. Are you dead?« Über das Prozedere, wenn sie tatsächlich entschlafen sind, und über ihre Entsorgung gibt es sicher resortinterne, selbstverständlich geheim gehaltene und geheim zu haltende Richtlinien.

Der ganze Urlaubstag der betuchten Gäste wäre verdorben, wenn man an der jungen Frau und dem soeben erwachten, nach Luft ringenden Lustgreis ganz offen Leichen vorbeitragen würde.

Die schönste Zeit des Jahres wollen sich vor allem wohlhabende Menschen jedes Jahr gönnen, denn niemand empfindet sich als zu alt, um zu glauben, noch ein Jahr leben zu müssen.

WO SIND DIE TOTEN CHINESEN?

Zu den unauffälligsten zugewanderten Menschen in Öster-reich zählen zweifellos die Chinesen. Sie halten sich im Wort-sinn im Migrations-*Hintergrund* und sind – so erscheint es uns – vor allem gastronomisch tätig.

Man geht – durchaus vertrauensvoll – »zum Chinesen«, um dortselbst überwiegend gleich heißende und gleich schme-ckende nummerierte Speisen zu sich zu nehmen, und bekommt nachher, auf Haus, einen Fingerhut voll Pflaumenwein.

Das Personal wiederholt häufig die Bestellungen, um durch die völlig unterschiedlichen Sprachen und ihre Idiome nicht das Verkehrte zu servieren. Wer kennt nicht den Bilderwitz, der in der ersten Grafik die Bestellungen eines Gastes in einem chinesischen Restaurant zeigt und in der zweiten den Ober, der auf einem Tablett eine Nähmaschine bringt. Sehr beliebt als begleitendes Getränk ist unter anderem der Apfelsaft gespritzt, der dann von einer freundlichen Chinesin mit den Worten: »Ein Affisaft, gespitzt« kredenzt wird.

Die Chinesen in Österreich machen durchwegs einen gesun-den, belastbaren und entspannten Eindruck, was – besonders Letzteres – am praktizierten Buddhismus liegen dürfte, der ja zu Meditation, zur Weite und Tiefe der Gedanken, letztlich also zu Ruhe und innerer Ausgewogenheit aufruft.

Jedoch auch der Chinese – obwohl häufig über die Maßen alt werdend, wie es heißt –, auch der Chinese muss sterben.

Aber jetzt, Frage: Haben Sie schon ein *chinesisches Begräbnis* gesehen oder von einem solchen gehört?

Hat Ihnen jemand von einem chinesischen Friedhof* erzählt, von chinesischen Bestattungsriten? Hat ein professioneller Bestatter in Ihrem Bekanntenkreis oder in den Bekanntenkreisen Ihrer Bekannten von Kunden berichtet, die Chinesen waren?

Was geschieht mit den toten Chinesen?

Wie und vor allem wo werden sie entsorgt?

Es wird gesagt, sie werden nach Hause, nach China geflogen, um dort begraben oder verbrannt zu werden. Oder ... aufgegessen zu werden?

Wenn im Laderaum eines Flugzeuges, das Richtung Asien fliegt, ein Sarg oder was auch immer mit einem toten Chinesen transportiert wird, dann müsste ja wenigstens ein Trauergast mitfliegen. Haben Sie auf einem Asienflug schon jemals einen Chinesen mit Zeichen textiler Trauer gesehen?

Und wird wirklich jeder tote Chinese einzeln heimgeflogen? Das ist doch sicher auch eine Kostenfrage. Oder wird abgewartet, bis ein paar zusammenkommen, Geld gesammelt und erst dann ...?

Wo werden die leblosen Chinesen zwischengelagert?

Ich möchte nichts unterstellen, aber »beim Chinesen«, wie man sagt, riecht es erstens recht speziell und zweitens immer gleich.

Und was geschieht mit toten Chinesen, wenn die Familie sich eine kostspielige Überstellung nicht leisten kann?

---

* Im Norden Manilas (Philippinen) liegt der chinesische Friedhof, eine komplette Totenstadt mit teilweise luxuriösen Mausoleums-Villen. Der Verblichene soll wissen, dass er immer eine Heimstatt behält. Ein Mal im Jahr verbringen die Hinterbliebenen einen Tag, ja, ein Wochenende im Totenhaus, um mit dem Verstorbenen zu »leben«.

Ich meine, wissen Sie genau, was *Chop Suey* wirklich heißt?

Weiß man, was man bekommt, wenn man *1x26, 1x56 mit 61 und extra 114* bestellt?

Das Einzige, was beim Chinesen gewiss ist: 144 ist die Rettung.

Drei Chinesen mit 'nem Kontrabass stehen auf der Straße und erzählen sich was.

Nur was? Was erzählen sie sich?

Wir wissen es Gott sei Dank nicht.

UNGARISCHE RHAPSODIE*

Was rief und ruft in uns, vor allen bei den Älteren, Ungarn immer wieder hervor? Wühlen wir mit österreichischen Armen tief im rhapsodischen ungarischen Klischeetopf, und was haben wir da gleich einmal?

Paprika! Temperament! »Ja, das Temperament, das liegt mir so im Blut!« Und Zigeuner, herzzerreißend geigende Zigeuner, von deren Violinen wir nicht genug bekommen: »Komm Zigan, komm Zigan, spiel mir was vor«, und er spielt ... er spielt, als wäre er der Verfasser des hochbrisanten Sachbuches *Ist Virtuosität heilbar?* Und wir sind aufgewühlt und hingerissen, und wir sagen: »Es war so schön, wir haben so geweint.«

Und wer kommt denn da? Natürlich: Marika! Mit ihrem unvergessenen Operetten-Rökk'n'Roll. Und hoch das Bein und eine, zwei ... ja drei und ... nicht zu glauben ... vier Pirouetten, und die roten Röcke der Rökk fliegen hoch, wirbeln flatternd rund- und ringsherum wie die Gewänder ekstatisch tanzender Derwische.

Aber auch wenn Ilona den Csárdás tanzt, ob Fürstin desselben oder nicht, wenn Gräfin Mariza stolz die Arme in die Hüften stemmt und trotzig im Takt zum presto vivace spielenden Orchester die halbhohen Absätze ihrer strapazfähigen Tanzschuhe in den Bühnenboden schlägt, dass ein wenig der Staub

---

* Rhapsodie: ein Vokal- oder Instrumentalwerk, das an keine bestimmte Form der Musik gebunden ist.

aus den alten Kulissen aufwirbelt, wenn Enikö ihrem Andras »Putzigam« ins Ohr flüstert und Ferencs »Kezét csókolom!«* sagt und seine Ildiko ins Étterem, ins Restaurant, führt, um daselbst mit ihr ein Pörkölt, das mitnichten ein Gulyas ist, zu speisen, dann, ja, dann bleibt kein Auge trocken.

Und schnell, schnell, was fällt dem Österreicher noch ein, wenn er *Ungarn* hört?

Ja, die Monarchie, die Stephanskrone … joi, joi, joi … der Kaiser und natürlich … seine Sissi, mit dem nicht wegzudenkenden Antlitz von Romy Schneider, wenn sie an der Seite ihres Franzls, der die juvenilen Züge Karlheinz Böhms trägt, zu einem schneidigen Ulanen, dargestellt von Walther Reyer selig, mit gleitcremiger Mädchenhaftigkeit sagt: »… und grüßen Sie mir *meine* Ungarn, Graf!«

Und der kühne Magyar mit tiefer Ergriffenheit »Majestät« keucht, seiner Königin die Hand küsst, dass man fast meint, er beißt sie, während der junge Kaiser schon ein bissel indigniert dreinblickt und die Kaiserin-Mutter mit der distinguierten Physiognomie einer Vilma Degischer missbilligend die Brauen hebt.

Junge k. u. k. Offiziere, stets ehrenhaft und zum Sterben bereit, machen Mulatschag, hauen die Gläser an die Wand, lachen laut und kehlig, sind völlig losgelöst und dennoch stets mit der martialischen Würde des edlen Reitervolkes ausgestattet.

Ja, und Pferde, herrliche weiße Pferde, die wild schnaubend und ungezügelt durch die – natürlich – Puszta galoppieren,

---

* Küss die Hand!

vorbei an einsamen Ziehbrunnen, hinter denen am unendlich fernen Horizont die Sonne blutrot untergeht, und die das Bild freigeben auf die Schlüsselszene volksnah inszenierter Operetten: Zweihundert Mädel in Lederhosen tanzen Csárdás in der Puszta!

Ja, Ungarn.

Vor allem Budapest. Eine Stadt, in die man auch vor der Wende reisen konnte, wo man auf der Halászbástya, der Fischerbastei, lustwandelte und sich das Auge trotz allem an liebevoll restaurierten alten Häusern in Gassen und Gässchen, mit teilweise pedantisch quadratischem Kopfsteinpflaster, erfreuen konnte, wo man im Hilton um Westgeld in einem Casino zocken durfte, spottbillige Marlboro aus Ostfabrikation kaufen konnte und einem kubanische Zigarren nachgeworfen wurden. Der sogenannte *Gulaschkommunismus* machte es möglich.

Der Österreicher fuhr und fährt nicht ungern nach Ungarn.

Der Geigen wegen, des Mulatschags, des Csárdás und der zweihundert Mädeln in Lederhosen. Bleibt zu hoffen, dass Ungarn eine Rhapsodie bleibt und sich an keine bestimmte Musikform oder sonst an eine bestimmte Form bindet oder gar gebunden wird.

Tatsache ist: 2017 zählte Ungarn zu den drei ärmsten Ländern in der EU.

WEGWEISEND ODER *WEGWEISEND*?

Der Balinese ist ein sehr gastfreundlicher, zuvorkommender, höflicher Mensch. Er versucht dir – zumindest bei kleinen Alltagsproblemen – sogleich behilflich zu sein, ja, es gereicht ihm gewissermaßen zur Ehre, seine Mitmenschen konstruktiv zu beraten und ihnen gegebenenfalls zur Hand zu gehen. Insbesondere Touristen gegenüber ist der Balinese bemüht, dienlich zu sein, was in den meisten Fällen sein muss, wenn ein ortsunkundiger Urlauber nach dem Weg fragt. Bereitwillig, erfreut und ausführlich weist dir der Balinese diesen dann, damit du ja ans Ziel findest, denn er würde sich schämen, wüsste er ihn selber nicht oder du würdest trotz seiner aufrichtigen Bemühungen deinen Bestimmungsort nicht finden.

Nun ist es so, dass bei vielen Balinesen, vermehrt vermutlich bei den religiösen, die Scham, den Weg, nach dem du fragst, selbst nicht oder nur vage zu wissen, so groß ist, dass sie dir in jedem Fall einen Weg auf eine Weise beschreiben, die ausführlicher gar nicht sein könnte, nur dass er nirgends hinführt.

Wenn Sie also nach Bali kommen und einen Einheimischen nach dem Weg fragen, und er zögert, denkt nach, und Sie wollen schon mit einem »Okay thank you« weiterspazieren, als Ihnen der Balinese aber nachruft oder gar nacheilt und Ihnen plötzlich mit der Miene eines alle Wege kennenden Scouts in epischer Breite einen nicht unkomplizierten Weg erklärt, dann nicken Sie höflich und gehen Sie weiter, ohne sich auch nur einen Deut an die Beschreibungen des freundlichen Einheimischen zu halten. Vertrauen Sie nur einem spontan und unpoetisch Auskunft gebenden, wissend, dass auch das mit Vorsicht zu genießen ist.

In Bali fragte ich mich oft, wo die Menschen heute alle sind, denen *ich* – nach bestem Wissen und Gewissen – den Weg erklärt habe.

EMPÖRET EUCH

Was mich oft trifft oder zumindest streift, das sind entrüstete Blicke von Menschen in Hörweite.

Ich stand mit meiner Frau am Flughafen Wien bei der Passkontrolle, und zwei, drei Kojen links wartete eine moslemische Großfamilie mit prall gefüllten Einkaufstaschen aus kostspieligen Geschäften der Innenstadt. Die Männer, europäisch gekleidet, mit akkurat gepflegten Dreitagesbärten; die Frauen, die – wie mir auffiel – die größten Taschen bei sich stehen hatten, waren, wie heute gesagt wird, vollverschleiert. Nicht mit der billig, versklavt anmutenden arbeitskleidungsblauen *Burka*, sondern mit einem aus feinem Musselin gearbeiteten *Niqab*, der – so viel wissen wir alle über moslemische Gepflogenheiten – Frauen nur einen schmalen Spalt bietet, um die Welt zu betrachten, Außenstehenden es jedoch in keiner Weise möglich macht, individuelle Gesichtszüge zu erkennen.

Und weil wir gerade bei der Passkontrolle standen und die Großfamilie aus dem Mittleren Osten *die ganze Partie* aufhielt, wie es in Wien heißt, sagte ich zu meiner Frau: »Ich bin neugierig, wie der Grenzbeamte jetzt die Identität der jeweiligen Frau feststellen wird.«

Meine mit Ironie begabte Frau meinte: »Ist denen ihr Gesicht am Passfoto unverschleiert oder werden die auch mit dem Schleier aufgenommen?«

An dieser Stelle spürte ich gewissermaßen feinstofflich von einigen umstehenden Damen und Herren entrüstete Blicke auf uns ruhen und vermeinte tadelndes Geflüster zu hören.

Vor uns musste gerade ein junger Mann die Baseballkappe und die Sonnenbrille abnehmen, damit der Beamte die Identität feststellen konnte, als eine etwas betulich wirkende Dame mit einem Riesenrucksack und freundlich belehrender Stimme, in der große Güte mitschwang, zu uns sagte: »Die warten auf eine Beamtin, mit der sie dann in einen eigens dafür zur Verfügung gestellten Raum gehen. Dort nehmen die Frauen den Schleier ab, und die Beamtin kann eindeutig die Identität feststellen.« Und dann ein wenig herablassend: »Keine Sorge.«

Ich sagte, mich wieder umwendend, mehr zu mir selbst als für die Allgemeinheit bestimmt: »Da wird ganz ein schönes Theater gemacht.«

Da erstarb jedes Geflüster, und gut die Hälfte der Anzahl Menschen, die ausreisewillig vor der Passkontrolle standen, kriegte den *Empörungsblähhals*.

Der Empörungsblähhals stellt sich ein, wenn zunächst die Brauen hochgezogen werden, das Kinn auf die Brust sinken will, was aber nicht funktioniert, weil der Hals eben vor Empörung gebläht ist. Viele Menschen, die – meist unerwartet – mit einer anderen Sicht der Dinge konfrontiert werden, bekommen den Empörungsblähhals, und zwar affektiv. Es ist gewissermaßen ein bedingter Reflex.

Vor allem, wenn das sie Empörende Hand in Hand mit der normativen Kraft des Faktischen einhergeht.

»Nichts ist billiger als moralische Entrüstung«, hat Karl Kraus geschrieben, und wenn er mit *billig* meint, dass zur Schau gestellte Empörung a) nichts kostet und b) nichts nützt, dann wollen wir ihm doch glauben.

BILDUNGSAUFTRAG

AM BESTEN BESTSELLER

Eine Lektorin hat einmal gesagt: »Das Verlagswesen liegt am Bauch. Und das mit dem Rücken zur Wand.« Weil überwiegend – wenn überhaupt – nur mehr Bücher mit schockierenden Themen oder den schrecklichsten Geschichten gekauft werden, wo Ortsangaben häufig mit »zwei Blocks die Straße runter« gemacht werden. Man braucht ja nur die kurzen Texte zu lesen, die auf der Rückseite von Büchern, meist Softcovers mit schrillem Prägedruck und Gruselgrafik am Titel, stehen. Sie sind reißerisch geschrieben und klingen beschämend gleich.

Vor knapp zehn Jahren wurde Deputy Inspector Benson vom Dienst beim NYPD suspendiert. Ein schweres Vergehen im Umgang mit der Dienstwaffe wurde ihm angelastet, das für den Mörder seines Partners und besten Freundes tödlich – mit einer Schusswunde mitten in der Stirn – endete.

Als allerdings der Zwillingsbruder des Erschossenen aus dem Gefängnis kommt, beginnt in New York eine Serie von Morden an Cops, die alle mit Benson bekannt oder befreundet waren und die mit einem Kopfschuss mitten in die Stirn regelrecht hingerichtet werden. Als Benson zur Klärung dieser Morde wieder in Dienst gestellt wird, steht er scheinbar abermals dem Täter von damals gegenüber ...

Titel: *Kopfschuss. Psychoschocker.*

Cover: Das »o« in »Kopfschuss« ist ein riesiges Einschussloch, umrahmt von geronnenem Blut.

Police Detective Mary Kaminsky vom LAPD führt nach außen hin eine perfekte Ehe. Ihr Mann ist ein gefragter Literaturkritiker, ihre beiden Kinder machen nicht mehr Sorgen als die Tausender anderer Eltern auch. Sie ist eine hervorragende und angesehene Polizistin, und ihr Department hat die höchste Aufklärungsrate in Los Angeles.

Da erscheint eines Tages auf ihrem Twitter-Account ein Tweet: »Das erste Opfer findest du 4101 Wilshire Boulevard, Suite 211. Shakespeare.« Damit beginnt eine ganze Serie von Morden an Lektoren, Literaturjournalisten und Kritikern, bei deren Leichen jedes Mal ein Shakespeare-Sonett gefunden wird.

Mary Kaminsky ist zum ersten Mal überfordert, denn der Täter schlüpft ihr immer wieder durch die Maschen. Sie möchte den Fall schon abgeben, als plötzlich sie selbst und ihre Familie in Lebensgefahr sind …

Titel: *Hast du zur Nacht gebetet? Ein Kaminsky-Krimi. Die Shakespeare-Morde.*

Cover: Eine spitze Feder, die mit Blut auf Pergament verschlungene Buchstaben malt.

Nat Gordon ist ein leidlich erfolgreicher Werbemanager und lebt allein in einem kleinen Haus auf Long Island. In regelmäßigen Abständen lädt er Frauen in sein Haus ein, die er nach einigen Tagen wieder nach Hause schickt. Nat will keine Beziehung, er sucht nur das Abenteuer, den schnellen, kurzen Kick.

Als er jedoch einmal die ein wenig überdrehte Sally mit in sein Haus nimmt, ist alles ganz anders … Nicht nur, dass Sally sich nicht wegschicken lässt, hat sie einen über die Maßen eifersüchtigen Ex, der vor nichts zurückschreckt …

Ein Pageturner der Sonderklasse.

Titel: *Das Haus auf der Insel. Thriller.*

Cover: Schwarz, mit infantiler Kreideskizze eines Hauses, das aus einem der oberen Fenster eine mit Buntstift gezeichnete, blutrote Träne weint.

Von den Klappentexten, die alle beginnen mit »... in der Petrus-Chapel in Carrington Hall wird eine grausig verstümmelte Leiche hinter dem Altar gefunden ...«, möchte ich gar nicht reden.

In Buchhandlungen liegen stapelweise solche Bücher, die von irgendwelchen Schreibern unter einem möglichst opulenten Pseudonym industriell verfasst, auf billigem Papier gedruckt, jedoch mit aufwendig gestaltetem Umschlag hergestellt werden. Es geht immer irgendwie ums Gleiche, nur Namen und Schauplätze ändern sich, selbst der Ablauf ist fixiert.

Begonnen wird meist mit einer vordergründig-hintersinnigen Szene, mit der der Leser nichts anzufangen weiß, die ihn aber auf das Genre einstimmt.

Darauf: Zack, der erste Mord, dem eine ganze Reihe weitere folgen werden.

Da kommen der Police Detective (Ende dreißig, attraktiv, sportlich, hochanständig, gläubig) und sein Team ins Spiel, es wird sich über Interna in der Mordkommission verbreitet, Affären, Skandälchen, über die nur hinter vorgehaltener Hand geredet wird; der alte Jason zum Beispiel, Typ onkelhafter Assistenzermittler, der sein Leben lang im Department gearbeitet hat, macht sich Sorgen um den Job, dann stirbt ihm die Frau, mit der er nächstes Jahr goldene Hochzeit gehabt hätte ... Am Schluss stirbt er selber, er wird Opfer des kaltblütigen, hochgebildeten, gefährlich intelligenten und gnadenlosen Killers ...

Der Detective hat zumindest ein paar Jahre irgendwas studiert (gerne wird ein abgebrochenes Theologie-Studium hergenommen), ist verheiratet mit dem patenten und naseweisen Mädchen von nebenan, hat mit ihr wunderbare Kinder, die sich ständig beklagen, dass sie *Daddy* so selten sehen … Diese sympathischen Kinder, ein Junge (»Bub« gibt's nicht) und seine – so was Liebes – kleine Schwester (eine Nachzüglerin) … sind einige nervenzerfetzende Kapitel lang in der Gewalt des teuflischen Täters.

Verfolgungsjagden, Spuren sichern und interpretieren, psychologische Spekulationen, Hoffnungen, Misserfolge … dazwischen ein bisschen Kuschelsex …

Showdown: Es kommt zu einem dramatischen Kampf zwischen dem bestialischen Mörder und unserem Chefermittler; fast glaubt man, der skrupellose Psychopath obsiegt, denn er würgt den wackeren Ermittler … Doch nein … Gott selbst scheint die Hand im Spiel zu haben: Während der Ermittler fast erstickt, zieht sein Leben an ihm vorbei … Seine Kinder laufen durch eine Frühlingswiese auf ihn zu und rufen »Daddy, Daddy, wir haben dich lieb.« Da bäumt sich alles in ihm auf, und er rammt mit letzter Kraft dem abscheuerregenden Mörder das Knie ins Skrotum, worauf dieser aufschreit, der Ermittler sich befreien und die menschliche Bestie bezwingen kann. Der Schurke entzieht sich aber seiner Verhaftung, indem er sich vom Balkon des sechsunddreißigsten Stockes, dem Schauplatz des Endkampfes, mit luziferischem Gelächter in die Tiefe stürzt.

Schluss: Begräbnis Jason, der neben seine Frau gebettet wird, rührende Familienszene im Hause des Helden … Die Kinder gehen schlafen, der Ermittler ist zugange, seine charmante Frau softpornomäßig zu begatten, da öffnet sich die

Schlafzimmertür. Die beiden anmutigen Kinder stehen im hereinflutenden Licht des Flurs, der Vater wendet sich ihnen überraschend unfrustriert zu und sagt: »Ja?«

Die Kinder antworten rührend besorgt: »Wir wollten nachsehen, ob du ohnedies noch da bist, Daddy.«

Mutter schaut unter der Achselhöhle Vatis durch und flötet: »Daddy wird jetzt viel öfter zu Hause sein.«

Die Schlafzimmertür schließt sich glücklich.

Ja, solche Sachen werden sehr gerne gelesen, aber auch Kochbücher: *Leckere Snacks aus Küchenabfällen*, Lebenshilfe-Lektüre wie *Mit geheimem Wissen steinalt werden – heilende Pflaster der Renaissance* oder esoterische Erzeugnisse wie *Mit Erdstrahlung auf Astral-Reise* oder Skandal-Enthüllungen *Um Gottes willen! – Ich sah den Papst Hühner ficken.*

Vor allem der letzte Vorschlag wäre mit Sicherheit ein durchschlagender Erfolg, denn das Buch würde zunächst verboten, um dann dennoch – oder gerade deshalb – in Talkshows diskutiert zu werden.

Vertreter des Klerus: »Der Papst *isst* nicht einmal Hühner!«

Der Autor: »Ich hab ja auch nicht gesagt, ich hab ihn Hühner *essen* sehen.«

Ein Werk, das die Gesellschaft durch die Mitte spaltete, aber dennoch von beiden Hälften gelesen werden würde.

Dann der Film zum Buch! Die Serie zum Buch! Der Comic zum Buch! Das Theaterstück zum Buch, das Musical ... nicht auszudenken, ein Millionengeschäft!

Nun ja, egal, der Papst soll eine Flatterphobie haben, verlautet aus für gewöhnlich gut unterrichteten Kreisen.

DAS LITERARISCHE KOMITEE

Das Ende des *Literarischen Quartetts* ist nach wie vor hoch bedauerlich. Sind doch seine Nachfolgeformate (wieder) zu mäßig unterhaltsamen Runden von bildungseitlen Literatur-Bunnies degeneriert. Daher eben: *Das literarische Komitee.*

DR. SIEGHARD PÖCHER *(Insert: Dr. Sieghard Pöcher, Goethe-Institut, Unzmarkt.)*: Guten Abend, meine Damen und Herren. Willkommen zum *Literarischen Komitee,* der Sendung über neue gute Bücher. *(Trinkt sieben Schluck Wasser.)* Heute Abend diskutieren: Frau Magister Grete Huber. *(Insert: Mag. Grete Huber, Kulturgemeinderätin, Fohnsdorf.)*
MAG. HUBER *(kaum hörbar, jedoch merklich mit steirischem Akzent, der bei Erregung beziehungsweise Engagement überdeutlich wird)*: Guten Abend.
DR. PÖCHER *(trinkt sieben Schluck Wasser)*: Professor Karl Rammer. *(Insert: Prof. Karl Rammer, Leiter Stadtbibliothek Pernersdorf.)*
PROF. RAMMER *(blickt ohne jede Mimik in die Kamera, räuspert sich.)*
DR. PÖCHER: Rudolf Schalkhas *(Insert: Rudolf Schalkhas, Vortragender Literatur – VHS Anif.)*
RUDOLF SCHALKHAS *(mit fester Stimme)*: Ein herzliches Grüß Gott!
DR. PÖCHER: Die erste Neuerscheinung, der wir uns heute widmen wollen, stammt von dem Romancier Lucien Picard, der ja fast ein Jahr mit *Die Pediküre* die europäischen Bestsellerlisten anführte, und trägt den Titel *Das Lied der Dohle.*

(*Trinkt sieben Schluck Wasser.*) Frau Magister Huber, darf ich Sie bitten, uns einen kurzen inhaltlichen Überblick über diesen Roman zu geben.

MAG. HUBER: Ähm … ja … Die Geschichte oder besser die Geschichten, die in diesem Achthundertvierundsechzig-Sei-ten-Werk … ähm … erzählt wird … ähm … werden, scheint am ersten Blick nicht nur umfangreich, sondern auch sehr kompliziert, um nicht zu sagen verworren. Ähm … die Fachärztin für Psychiatrie und Psychotherapeutin Fabienne Colette … ähm … der Plot spielt in und um Paris … also … mit einem Wort in Frankreich. Fabienne verliebt sich … ja …, sehr umständlich, in Jean, der … ähm … einen Zwil-lingsbruder, nämlich George hat … Und … ja … beide Brü-der sind schwer schizophren und glauben, jeweils der andere zu sein … ähm … Jean glaubt, er wäre George, und George glaubt sozusagen, er wäre Jean. Als George, in der Meinung, er wäre Jean, ebenfalls mit Fabienne zusammenkommt, glaubt diese … ähm … George wäre Jean, was George auf-grund seiner … also … psychischen Besonderheit auch glaubt. Fabienne ist anfangs … ähm … verblüfft, als Jean an George kein gutes Haar lässt und vice versa George an Jean nicht und beide nicht merken, dass sie sich selbst kritisieren und einander – also sich selbst – auf eine hintergründige Weise nahezu … ähm … hassen. Fabienne … ähm …, bereits überfordert mit der Situation, an Zwillingsbrüder geraten zu sein, bemerkt erst gegen Ende dieser … sozusagen … Ver-wechslungstragödie, dass sie, wenn sie mit Jean oder George zusammen ist, mit dem jeweils anderen … ähm … ins Bett geht …, ähm … was zu einem überraschenden und fast gro-tesken Schluss führt. Mich hat das Buch durch seine fein gesponnene Exegese der Identitätsproblematik, die Dialektik von *Ich* und *Du* von Anfang an ... ähm ... gefesselt.

PROF. RAMMER *(räuspert sich)*: Liebe Frau Magister, Sie haben uns etwas Wesentliches – Detail kann man nicht sagen – *(räuspert sich)* vorenthalten, nämlich, dass Jean knapp nach der Hälfte dieses Marathonwerkes George ermordet, aber der Meinung ist, George habe ihn – Jean – ermordet, und er den Rest des Buches gleichsam als Untoter *(räuspert sich)* durch die Kapitel geistert.

RUDOLF SCHALKHAS *(massiert engagiert sein Kinn)*: Als schizophrener Untoter, könnte man sagen.

DR. PÖCHER: Nein. George ist ja der Untote *(trinkt sieben Schluck Wasser)*, der sich noch dazu als Mörder wähnt, weil er, als Jean George umgebracht hat, glaubt, er wäre George ... und damit der Mörder des Mörders ... und umgekehrt. Kann man das so sagen?

MAG. HUBER: Sagen kann man es, aber es ist ... ähm ... ein Blödsinn.

DR. PÖCHER: Frau Huber, Sie brauchen nicht zu betonen, dass Sie aus Fohnsdorf kommen.

MAG. HUBER: Entschuldigen Sie. Aber da spüre ich ganz ... ähm ... deutlich die Begrenztheit der männlichen Auffassungsgabe. Es spielt doch unterm ... ähm ... Strich keine Rolle, ob Jean George oder George Jean ermordet hat und Jean glaubt, er wäre der untote Mörder ... ähm ... oder George glaubt es. Ähm ... ja ...

PROF. RAMMER *(räuspert sich)*: Frau Huber, ich darf Sie daran erinnern, dass der Autor Lucien Picard ein Mann ist.

MAG. HUBER: Eben nicht! Lucien Picard ist ein Pseudonym der Autorin Margaux Belén, die unter anderem, nämlich

2001, mit dem Novellenband *Wenn aus Nachmittagen Nächte werden* und mit dem Essay *Der Abschied der jungen Schlampe*, das literarische Pendant zu *Der Besuch der alten Dame*, ... ähm ... reüssieren konnte.

RUDOLF SCHALKHAS: Das Identitätsproblem ist ja *(massiert engagiert sein Kinn)* nur die Metaebene des Romans. Bitte vergessen wir nicht, dass gute fünf Abschnitte der Möglichkeit gewidmet sind, dass George, respektive Jean, als Zwillingsbruder gar nicht existiert, sondern nur eine Phantasmagorie von Jean ist.

PROF. RAMMER: Oder von George. *(Räuspert sich.)*

MAG. HUBER: Ähm ... ja ... sozusagen.

DR. PÖCHER *(trinkt sieben Schluck Wasser.)*

RUDOLF SCHALKHAS *(massiert engagiert sein Kinn)*: Es drängt sich ja auch oft die Sichtweise vor, dass es weder Jean noch George überhaupt gibt, sondern sie nur im Kopf von Fabienne existieren, und sie es ist, die beginnt, in die dunklen Abgründe der Persönlichkeitsspaltung zu fallen. *(Massiert engagiert sein Kinn.)* Hier geht es nicht nur um Identität, sondern auch um Realität. Vor allem um Realität. Vielleicht existiert nichts und niemand in diesem Roman.

MAG. HUBER: Die Nichtexistenz von Jean und/oder George, Herr ... ähm ... ist ja sozusagen nicht Bestandteil der rasanten Romanhandlung, sondern ... ähm ... ja ... quasi ein Gedankenexperiment, um die Romanhandlung eben ... ja ... sozusagen elastischer zu machen.

DR. PÖCHER: Frau Magister Huber, erlauben Sie mir, an dieser Stelle, ich sage einmal, einzuschreiten. Weil Sie vorher die Vokabeln »rasant« und »elastisch« geäußert hatten: Ich konnte mich selten bei einem Roman so schwer auf das

Lesen konzentrieren wie beim *Lied der Dohle*. Dieser ewige innere Monolog von Fabienne über die Zwillingsbeziehung, ihre permanenten Mutmaßungen und ihre moralischen Hang-ups, es aller Wahrscheinlichkeit nach mit eineiigen Zwillingen *(nimmt sieben Schluck Wasser)* zu treiben ...

PROF. RAMMER *(räuspert sich, schmunzelt schmutzig)*: Was meinen Sie jetzt mit »eineiig«?

DR. PÖCHER: Ich bitte Sie, Herr Professor ... Mich hat diese Eindimensionalität der Gedanken fortgesetzt gelangweilt. Sie hätte ja zum Beispiel auch über Kochen oder Putzen reflektieren können. *(Trinkt sieben Schluck Wasser.)*

MAG. HUBER: Da ist sie wieder, die maskuline Sichtweise, die sich keinen Moment lang von der ... ähm ... Linearität ihrer Denkstrukturen abwenden kann. Was soll sie denn sonst denken, diese Fabienne? Was soll sie beschäftigen, außer ... ähm ... der demütigenden Liebe zu Zwillingen? Woran soll sie denn denken, außer an die Lust, die einer solchen ... ähm ... speziellen Liaison innewohnt? Und was soll sie denn sonst ... ähm ... sozusagen ... innerlich sexualmoralisch zerreißen? Was Sie ja mit moralischen *Hang-ups* diffamieren. Ähm ...

RUDOLF SCHALKHAS: Ich muss auch gestehen, dass ich das Buch ab und an weglegen musste, allein weil es durch seine achthundertvierundsechzig Seiten so schwer wiegt; aber auch, weil für mich nie ersichtlich wurde, *(massiert engagiert sein Kinn)* ob dieser Mord von Jean an George oder meinetwegen von George an Jean wirklich geschieht.

PROF. RAMMER *(räuspert sich)*: Mentales Kreisdenken, sonst nichts.

RUDOLF SCHALKHAS: Ich habe Sie mehrmals verflucht, Frau Magister, dass ich diesen aufgeblasenen Schmarrn für die Sendung lesen musste, nie wissend, ist es nun Jean, ist es George!

MAG. HUBER: … darauf kommt es … ähm … doch gar nicht an! Diese Doppelbödigkeit spielt doch keine Rolle … Das sagt uns ganz deutlich der letzte Satz: »›Na gut‹, dachte Fabienne, ›dann erschaffe ich mir eine Yvette.‹«

RUDOLF SCHALKHAS (*massiert engagiert sein Kinn*): Ja, wenn das alles keine Rolle spielt, warum schreibt er oder sie dann so penetrant darüber? Die Geschichte – sofern es überhaupt eine ist – ließe sich auch ohne diesen Schizophrenie-Wahnwitz erzählen. Das Buch wäre dann auch gleich gut ein Kilo leichter.

DR. PÖCHER: Lieber Herr Schalkhas, wir wollen hier nicht das Gewicht eines Buches erörtern, wiewohl ich zugeben muss: Das Buch ist schwer; in jeder Hinsicht. (*Trinkt sieben Schluck Wasser.*)

PROF. RAMMER: Ich möchte so sagen (*räuspert sich*): Ein reines Vergnügen ist es nicht, das Buch zu lesen.

MAG. HUBER: Meine Herren, Literatur ist nicht zum … ähm … Vergnügen da. Gute Literatur macht etwas mit uns, sie zwingt uns … sozusagen … zur Katharsis.

RUDOLF SCHALKHAS (*massiert engagiert sein Kinn*): Frau Huber, bitte seien Sie mir nicht gram, aber Ihre Literaturdefinition ist hanebüchen!

MAG. HUBER: Herr Schalkhas, ich muss mir … ähm … von Ihnen nicht erklären lassen, was Literatur ist. Wenn Sie nicht in der Lage sind, eine herausfordernde Geschichte zu lesen, nicht zuletzt, weil Ihnen das Buch zu schwer ist … dann lesen Sie halt im Sitzen.

DR. PÖCHER *(beschwichtigend)*: Bitte, meine Lieben, wir müssen zu einem Schluss kommen, damit wir bald mit der Diskussion über das nächste Buch beginnen können. *Das Lied der Dohle* empfehlen wir nicht direkt, legen es aber dennoch Freunden sperriger Lektüre an Herz. Bitte, Professor Rammer, wenn Sie uns den Roman *Der Lichtkanal* von Giovanni Soleddi vorstellen möchten.

PROF. RAMMER: Gerne. *(Räuspert sich, schenkt sich den letzten Rest Wasser aus der Karaffe in sein Glas.)*

DR. PÖCHER *(will Wasser in sein Glas einschenken, bemerkt, dass die Karaffe leer ist, empört)*: Kein Wasser.

PROF. RAMMER *(trinkt sein Glas mit dem letzten Wasser ostentativ aus, räuspert sich)*: Herr Doktor Pöcher, Sie können nicht jedes Mal das ganze Wasser allein trinken.

DR. PÖCHER: Frechheit, Sie aufgeblasener Provinz-Bibliothekar!

PROF. RAMMER *(räuspert sich, steht auf und schickt sich an Dr. Pöcher zu würgen.)*

Das Fernsehbild erlischt. Es erscheint die bildschirmfüllende Schrift:

ENTSCHULDIGEN SIE BITTE DIE SENDUNG

VOLTAIRE

(Hommage an Max Goldt, von der dieser nicht weiß, wahrscheinlich niemals von ihr erfahren wird; sollte Herr Goldt wider Erwarten das Folgende lesen und als Zumutung empfinden, erbitte ich seine Verzeihung.) Inspiriert durch die Geschichte *Ein gelungener Antrittsbesuch* aus dem Band *Räusper.*

Drei soignierte Herren sitzen in der Cigar-Lounge ihres Hotels auf wuchtigen unechten Chippendale-Sofas, jeweils einen Cognac im aufwendigen Schwenker, einen karibischen Rum in einem fragilen mittelhochstieligen Kristallgläschen, der Dritte mit einem großen Bier, von dem er ab und an ein wenig schmatzend trinkt.

HR. COGNAC: Aber ich bitte Sie, der Wahrheitsbegriff beim platonischen Sokrates ist doch nie und nimmer ein epistemischer, sondern ganz klar ein solcher, für den Synthese oder zumindest ausreichende Rechtfertigung notwendig ist zur Begriffsklärung. Davon hat ja auch Wittgenstein profitiert, indem er das Sprachspiel kreierte.

HR. RUM: Was Wittgenstein im *Tractatus* abgesondert hat, waren doch weitgehend unreflektierte Kindereien, die er gewissermaßen posthum in den *Philosophischen Untersuchungen* widerrufen hat. Die Wahrheit ist – obwohl metaphysisch stets existent – naturgemäß immer epistemisch.

HR. BIER: Ich habe seit ein paar Tagen so schweren, geradezu überfallsartigen Durchfall, dass ich kaum mehr ordnungsgemäß die Toilette erreiche. Auf den letzten Metern zu den

Sanitärräumen beobachte ich an mir eine Art zu gehen, die sich anfühlt, als wäre es schon längst zu spät.

HR. COGNAC *(nippt schweigend.)*

HR. RUM *(saugt versonnen.)*

Hr. Bier *(trinkt geräuschvoll.)*

HR. COGNAC: Die Erkenntnistheorie oder Epistemologie ist ein Gebiet der Philosophie, welches sich mit Fragen der Art befasst, wie Wissen zustande kommt und welche Erkenntnisprozesse denkbar sind, Herr Kollege.

HR. RUM: Wissen, bitte schön, ist zwar jener Kenntnisstand, mit dem wir uns der Wahrheit asymptotisch annähern können, aber selbst wenn wir sie gewissermaßen im Unendlichen erreichten, wüssten wir nicht, dass wir sie gefunden haben. Das, lieber Professor, ist der Fluch des Skeptizismus!

HR. BIER: Meine Rosette ist bereits stark entzündlich gerötet. Ich habe das durch Selbstbeobachtung vor dem großen Spiegel links innen an der Kastentür festgestellt. Wissen Sie, meine Herren, dass es – vor allem in fortgeschrittenem Alter – sehr, sehr schwierig und vor allem kompliziert ist, seinen eigenen Darmausgang diagnostisch zu inspizieren? Ich musste derart entwürdigende Verrenkungen machen und drohte mit heruntergelassener Hose auf die kostspielige Auslegeware zu stürzen. Wie mein Schließmuskel auf so eine Grenzsituation reagiert hätte, möchte ich gar nicht wissen.

HR. COGNAC *(nippt schweigend.)*

HR. RUM *(saugt versonnen.)*

Hr. Bier *(trinkt geräuschvoll.)*

HR. COGNAC: Hegel hat uns da mit seiner Dialektik Wertvolles hinterlassen.

HR. RUM: Und Kant erst, Herr Kollege, vergessen Sie Kant nicht.

Dem Kellner fällt in diesem Moment lautstark klirrend ein Tablett mit Gläsern auf den Marmorboden der Bar. Die Herren erschrecken sichtlich, besonders Herr Bier zuckt über die Maßen heftig zusammen.

HR. BIER: Jetzt hab ich mich ang'schissen.

HR. COGNAC: Wir bräuchten einen neuen Voltaire!

HR. RUM: Sagen Sie, Herr Kollege, wie hieß Voltaire eigentlich mit richtigem Namen?

HR. COGNAC: Genau! Voltaire war ja nur ein Pseudonym … Hmmm … Es will und will mir nicht einfallen.

HR. BIER: Er hieß François-Marie Arouet.

HR. COGNAC: *(nippt schweigend.)*

HR. RUM: *(saugt versonnen.)*

HR. BIER: *(erhebt sich vorsichtig.)*

VERBILDUNG

Bildung, heißt es ja, wäre *das* gesellschaftliche Instrument, um alte und neue Nazis oder andere Irrsinnige, die brandschatzend und vandalisierend durch den öffentlichen Raum marodieren, aufzuhalten, damit sie daheim bleiben, Bach hören oder Peter Handke lesen und nicht glauben, ein Schachtelsatz wäre eine Kartonagenkollektion.

Eine effiziente Bildungspolitik würde potenzielle Dschihadisten und andere religiöse Scharfmacher positiv so beeinflussen, dass sie Koran, Bibel und andere »heilige« Bücher in ihrer Bibliothek in die Abteilung Märchenbücher umsortierten und gelegentlich Striptease-Bars aufsuchten und den einen oder anderen Bourbon on the rocks tränken.

Der – entschuldigen Sie den Ausdruck – *Diskurs* junger Menschen, die aus devastierten, mit übermannsgroßen Graffitis verzierten Wohnblocks stammen, bestünde dann nicht mehr aus *I bims, du bimst, wir bimsen*, sondern sie würden sich geisteswissenschaftlich austauschen, wie vielleicht so:

»Oiso, i find den Martin Heidegger und sei Argumentation in *Sein und Zeit* scho unhamlich voll *lit*, heast.«
»Wos sogst du, Schweinfleischfresser? Heidegger ist voll lit? Heidegger ist voll die Nazi. Nietzsche is total g'schmeidig. Huach zua: *Wenn die Zeit kommt, in der man könnte, ist die vorbei, in der man kann.*«
»Oida, des is net vom Nietzsche, des von der Maria Ebner von Aschenbech!«
»Olta, du spoilerst olles!«

»Ihr seids alle zwa Koffer, mir ist der Liabste der Jean Paul Sartre, weil mi sein Flaubert-Biografie *Der Idiot der Familie* so an mein Papa erinnert.«

»Heidegger, Nietzsche, Sartre, hoch interessant, was ihr da diskutiert, ihr jungen Leute«, fragt ein soignierter Herr, der zufällig des Weges kommt, »aber was sagt ihr zu dem Konflikt zwischen Dmitri Schostakowitsch und Jossif Wissarionowitsch Stalin?«

»Halt die Papp'n, Altkörper, mia interessieren sich nicht für Fußball!«

Bildung.

Da hat die Regierung noch viel zu leisten.

Übrigens, wieso man von Regierungs*bildung* spricht, bleibt unklar.

»WIR GEHÖREN EINER ZEIT AN, DEREN KULTUR IN GEFAHR IST, AN DEN MITTELN DER KULTUR ZUGRUNDE ZU GEHEN.«*

* FRIEDRICH NIETZSCHE

SCHÖN' DANK

Es ist doch oft so, dass bei Familienfeiern, zum Beispiel im gepflegten Eigenheim, nach einem ausgiebigen Abendessen, bei vollem Bauch, etlichen Gläsern Wein, also bei Eintreten bürgerlicher Behaglichkeit, gesagt wird: »Wir müssen dem Herrgott danken, es soll uns nie schlechter gehen!«

Das ist eine dieser katholizistischen Nonsens-Spiralen, denn: Wie schlecht muss es einem denn gehen, dass man nicht mehr dankbar sein muss?

Man muss Gott sei Dank aber eh niemandem dankbar sein, dass man – gemessen am Elend – ein bequemes Leben führen kann. Wenn man schon ins Dasein geworfen ist, darf man sich einen gewissen Standard erwarten, der einem das aufgenötigte Existieren halbwegs erträglich macht. Wir müssen nicht dankbar sein! Im Gegenteil! Beschweren muss man sich! Beschweren muss man sich beispielsweise, dass es nicht allen auf der Welt mindestens so gut geht wie uns!

»Ja«, wird dann gesagt, »schon, ja, Sie haben ja recht, aber, mein Gott, was kann man denn machen … und vor allem: Bei wem sollt man sich denn beschweren?«

Bei wem?

Bei demselben, bei man sich bedanken muss.

BEI UNS DAHOAM

Heimat ist ein großer Stoff.

Nicht unbedingt weites Land, aber großer Stoff.

Ein opulenter Begriffsinhalt, der sich letztlich immer schon einer einheitlichen Definition entzogen und breitgefächerter Interpretation Raum gegeben hat.

Dadurch muss »Heimat« als Synonym für bockigen Nationalismus über blödsinnigen Hurra-Patriotismus bis zu gefühlsduselig kitschigen Secondhand-Emotionen herhalten.

Die großen Migrationsbewegungen in Tateinheit mit der fortschreitenden Globalisierung tun ein Übriges, um den Heimatbegriff aufzuweichen, schwammiger zu machen und ihn der Beliebigkeit anheimzustellen, sodass wir uns fragen können: Brauchen wir Heimat im traditionellen Sinn noch? Ist Heimat durch die Zeitläufte nicht ähnlich obsolet geworden wie beispielsweise der »Glühstrumpf«? Wir kennen den Glühstrumpf noch, aber wir brauchen ihn nicht mehr, denn wir haben ganz andere, neue und effizientere Lichtquellen, die unser Leben bei Dunkelheit erhellen. Und verhält sich Heimat als Vaterland nicht ähnlich wie Energiesparlampe zu Glühstrumpf?

Und dennoch wird Heimat nach wie vor im anachronistischen Sinn verwendet. Ganz deutlich zum Beispiel bei Wahlen. Von den einen auf unverschämte, vordergründig sinnentleerte Weise zum Hehren und Erhabenen aufgeblasen, wird sie von den anderen auf den gemütlichen Lebensmittelpunkt und merkantile Lebensinteressen reduziert.

Es wundert daher nicht, dass Heimat, immer wenn sie zur Diskussion steht, Stoff liefert, der durchaus explosiv sein kann und zu Zwietracht führt.

Ah! Noch ein Stoff, aus dem Heimat ist: Tracht!

Heimatliche *Stoffe,* von Loden, Leder, Wolle über – zumindest seinerzeit – Drillich bis zum Filz. Die Tracht ist zurzeit en vogue, aber schon lange immer wieder präsent und vor allem bei Vorkommnissen volkstümlicher Natur identitätsstiftend. Da wirbelt der rot-weiß-rot gewürfelte Rock, da fliegt die grüne Schürze, luftig umspielt von rosaroten Bändern und Maschen, da wogt das spitzenumzingelte Dekolleté, da dirndelt es reihum beim Volkstanz, wenn Alabasterarme aus gebauschten Puffärmeln herausragen und trotzig in die Hüften gestemmt werden. Der Fuß im samtenen oder wildledrigen flachen Schuh mit der von Hand gehämmerten Silberschnalle gleitet bodenständig ballettös über die knorrigen Dielen des Tanzbodens, und dann und wann entschlüpft ein Jodler der mit einem aufwendig bestickten Kropfband betonten Kehle.

Da kracht die Lederne, deren Schnalle zuverlässig die wollbestrumpfte Burschenwade nach oben hin stramm begrenzt.

Wadl verpflichtet, wie es heißt.

Der mit folkloristischen Applikationen durchwirkte Gürtel umschließt die viril schmalen Lenden, die vom körpernah geschnittenen Rohleinen-Blouson noch betont werden, ein schmuckes, mit Edelweiß-Symbolik bedrucktes rotes oder grünes Halstüchl ziert keck den feisten Nacken des Landmannes, und die Hirschknöpfe röhren begehrlich. Der Fuß im grob genähten Haferlschuh mit der griffigen Wibram-Sohle steht fest und zuverlässig da, während muskulöse, strapazfähige

Männerunterarme die Landmännin während ihres Tanzes festhalten.

Insgesamt signalisiert das Trachtenpärchen Sesshaftigkeit, Erdverbundenheit und bei aller latenten Paarungsbereitschaft unerschütterliches Gottvertrauen. Auch die Damen und Herren aus Wirtschaft und Aristokratie hüllten sich schon immer – und jetzt deutlich vermehrt – in elegant modisch betonte Tracht und tummeln sich in Salonsteirer und Raiffeisensmoking auf Festspielen, Gourmet-Empfängen, Weinverkostungen und immer wieder auf Wohltätigkeits-Galas.

Mit Tracht ist man immer richtig angezogen, wird gesagt.

Der trächtige Look feiert muntere Urständ!

Umso mehr, als die Manager der volksnahen Unterhaltungsindustrie verbindlich und profiterschleichend erklärt haben: »Tracht ist ideologiefrei.«

Wozu zu sagen ist: Die Arbeitskleidung linker Vordenker ist die Tracht nie gewesen.

Wie auch immer: In den großen Stoff Heimat ist ein kleines Universum hineinverwebt, und wenn man etwas Verbindendes sagen möchte, dann – mit Vorbehalt – das:

»Heimat ist ... wurscht.«

DER MENSCH KANN MIT MUSSE NICHTS ANFANGEN

»Der Mensch liebt die Freiheit nicht, alles andere ist Lüge, er kann mit der Freiheit nichts anfangen, kaum ist er frei, beschäftigt er sich mit dem Öffnen von Kleider- und Wäschekommoden, mit dem Ordnen von alten Papieren, sucht er Fotografien, Dokumente, Briefe, geht er in den Garten, gräbt um oder läuft vollkommen sinn- und zwecklos in irgendeine Richtung, gleich, wie das Wetter ist, und nennt es Spaziergang. Und wo Kinder sind, werden sie zu dem berühmten Totschlagen der Zeit herangezogen und gereizt und verprügelt und geohrfeigt, damit sie das Chaos erzeugen, das in Wahrheit die Rettung ist.«

Treffender als Thomas Bernhard in *Der Keller* kann man es nicht sagen.

Wenn schon als Ausreden für Kulturverweigerung immer *viel beschäftigt sein* und daraus resultierend Zeitmangel und Übermüdung angeführt werden – *bei uns im Betrieb ist gerade die Hölle los, ich bin froh, wenn ich am Abend meine Ruhe hab* –, so heißt das ja nicht, dass die Kultur fehlt und man *bedauerlicherweise* zu erschöpft ist, um an ihr teilzunehmen. Die Wahrheit ist: Kaum jemandem geht sie ab. Wäre es für die meisten Menschen auch nur annähernd so katastrophal, eine Opernaufführung versäumen zu müssen, wie wenn der Fernseher einen Abend lang nicht funktioniert, die Welt wäre eine bessere.

Kaum jemand nutzt die Freizeit – schon gar nicht die freie Zeit durch Arbeitslosigkeit –, um ins Theater zu gehen, einmal ein Konzert zu hören und nicht nur, nolens volens, *Sakrileg* zu lesen. Kaum wer lässt sich auf das Abenteuer einer Selbstveredelung ein. Die meisten dümpeln weiter vor sich hin, wie sie ihr ganzes Arbeitsleben vor sich hin gedümpelt sind, und vor lauter Verzweiflung und Scham über ihre Nutzlosigkeit, die vorher ja nur eine vermeintliche Nützlichkeit gewesen ist, beginnen sie zu trinken, ihre Frauen zu schlagen, auf die Sozialdemokratie zu schimpfen und mit den Rechten zu liebäugeln.

Der Mensch ist schlecht, bleibt schlecht, glaubt aber, er wäre gut. Das ist die Wahrheit.

RAUCHEN IST TÖDLICH

Eine Bankfiliale gegen Ende der Öffnungszeit. Die Angestellten sind mit abschließenden Tätigkeiten zugange, es herrscht kaum mehr Frequenz in der Zweigstelle. Da tritt ein später Kunde mit einer kalten Zigarette im Mundwinkel vor den Kassenschalter. Der Kassier beäugt ihn mit einem indignierten Seitenblick auf die nicht angezündete Zigarette.

KASSIER: Bitte?

(Der Mann zückt blitzschnell ein Feuerzeug, hält es an die Zigarette.)

MANN *(drohend)*: Das ist ein Überfall. Ich werde nicht zögern, mir diese Zigarette anzuzünden und Ihnen den Rauch ins Gesicht zu blasen, wenn Sie mir nicht ohne jedes Aufsehen den gesamten Geldbetrag in der Kasse in neutraler Verpackung übergeben.

KASSIER *(erblasst, stammelt)*: Rauchen fügt Ihnen … und Ihrer Umgebung schweren … Schaden zu.

(Der Mann zündet sein Feuerzeug an und führt es gefährlich nahe an seine Zigarette.)

KASSIER: Um Gottes willen …

MANN: Spielen S' keinen Helden, los, los!

KASSIER: Das Geld ist schon im Safe, ich müsste erst …

MANN *(führt Zigarette zur Flamme)*: Keine Spielchen, Geld her! Und Finger weg vom Alarmknopf!

KASSIER: Wenn Sie rauchen, schaden Sie Ihren Kindern, Ihrer Familie und Ihren Freunden!

MANN: Ich bin alleinstehend, und Sie san net mei Freund. Rüber mi'm Süber!

KASSIER: Ich bitte Sie, ich mach alles, was Sie wollen, aber bitte nicht rauchen!

(*Der* KASSIER *greift in seine Kasse und beginnt, Geld in ein neutrales Kuvert zu geben.*)

MANN: Schneller, schneller. Keine Zeit!

KASSIER: Bitte nicht aufregen. Sie sind doch ein junger Mann. Rauchen bedroht Ihre Potenz.

MANN: Gemma, gemma. Wann i ka Geld hab, will mich eh kane hab'n.

KASSIER: Rauchen erhöht das Risiko zu erblinden!

MANN (*nimmt kalte Zigarette aus dem Mund und bläst* KASSIER *an.*)

KASSIER (*in Panik, laut*): Jessasmarandjosef naa!

(*Die anderen Angestellten, allen voran die Filialleiterin, werden aufmerksam.*)

FILIALLEITERIN: Herr Kollege, haben Sie ein Problem?

KASSIER (*nach einem raschen Blick auf das Feuerzeug*): Nein, nein … Alles in Ordnung.

FILIALLEITERIN (*lässt nicht locker, nähert sich dem Schalter*): Mein Herr? Rauchen Sie da etwa?

MANN (*wendet sich ihr zu, zündet sein Feuerzeug an*): Noch nicht!

FILIALLEITERIN: Herr! Sind Sie wahnsinnig?

KASSIER: Frau Chef, rauchen mindert Ihre Fruchtbarkeit!

(*In der Zwischenzeit sind die anderen Mitarbeiter näher gekommen.*)

MANN (*zeigt Zigarette*): Rauchen kann tödlich sein! Das ist eine Filterlose, ich mach Sie aufmerksam! Alles auf den Boden!

(*Alle legen sich hin.*)

MANN (*zum* KASSIER): Sie nicht, Sie Dodel, gebn S' jetzt das Geld her!

(*Der Mann reißt dem Kassier das Kuvert mit dem Geld aus der Hand und läuft aus der Bank. Langsam stehen alle auf, der Kassier hyperventiliert.*)

FILIALLEITERIN: Was haben S' denn, Herr Kollege?

KASSIER: Ich bin traumatisiert. Ich muss einen Sprung rausgehen.

FILIALLEITERIN: Was machen S' denn draußen?

KASSIER: Ich geh eine rauchen …

ABWIMMEL

Angenommen, Folgendes trägt sich zu: Das Telefon am Schreibtisch der Dame (Assistenz der Sektionsleitung) in einem repräsentativen Vorzimmer läutet.

FR. DOHMANN: Sekretariat Sektionsleitung, Dohmann.

HR. STARITZEK: Staritzek spricht. Ich hab schon ein paar Mal angerufen, ist der Herr Senatsrat jetzt zu sprechen?

FR. DOHMANN *(nach merkwürdig langem Schweigen)*: Der Herr Senatsrat ist tot.

HR. STARITZEK *(ärgerlich)*: Also, Frau Dohmann, das ist ja wohl die blödeste und unverfrorenste Abwimmel-Frech- heit, die ich je gehört habe. Halten Sie mich für debil? Es geht um die Umwidmung des Rodauner Lagergeländes in einen Baugrund. Das korrespondiert sehr wohl auch mit den Interessen des Herrn Senatsrates!

FR. DOHMANN *(schluchzt trotzig)*: Aber wenn ich Ihnen sage, der Herr Senatsrat ist tot ... Zerebrales Aneurysma ... Vor einer Stunde ...

HR. STARITZEK: Geh ... echt?

VORZIMMERDAME *(verhalten aufschluchzend)*: Wenn ich Ihnen doch sag ...

HR. STARITZEK: Scheiße ...

Die prima vista pietätlose Reaktion des Anrufers auf die erschütternde Nachricht wird ein wenig verständlicher, wenn man sich vor Augen hält, welche Abwimmel-Semantik von Telefonistinnen in mittleren bis großen Unternehmen gepflegt wird. Die Abwimmel-Formulierungen sind dabei mehr oder weniger streng nach Hierarchie geordnet. Je bedeutender ein Mitarbeiter ist, desto sprachlich gehobener und exklusiver sind die Formulierungen und die Begründungen.

Fangen wir von ganz unten an. Wird jemand zu sprechen gewünscht, der intern als *subalterner Hilfswurm* geführt wird, wird der Anrufer kurz, oft bissig abgespeist.

»Is net do!«

Und nun klettern wir anhand der Abwimmel-Formeln die Hierarchie hinauf.

»Erreich ich nicht.«

»Meldet sich nicht.«

»Spricht gerade.«

»Ist in Pause.«

Nun der erste Schritt hinauf in das Mittelmanagement des Unternehmens.

»Ruft zurück.«

»Ist außer Haus.«

»Macht Mittag.«

»Ist essen.«

Chef aller Executive-Manager.

»Ist zu Tisch.«

»Ist im Papa-Monat.«

»Hat internationale Gäste.«

Ganz hinauf in die lichten Höhen der Geschäftsleitung.

»Speist.«

»Ist im Ausland.«

»Ist zur Kur.«

»Darf nicht gestört werden.«

»Hat seine Yoga-Stunde.«

»Spielt Candy Crush.«

»Macht seinen Power-Nap.«

Die spontan als inadäquat erlebte Reaktion Herrn Staritzeks erscheint so gesehen in einem gänzlich anderen Licht, und es liegt durchaus im Bereich des Wahrscheinlichen, dass der Herr Senatsrat noch lebt.

WIR SIND VOM FACH

In einem Speisewagen (kommt von: *hier muss man zu speisen wagen*) der ÖBB, betreut von häufig mit reizendem ungarischen Akzent sprechendem Personal, kann man gar nicht anders, als Gespräche an Nebentischen mitzuhören, um nicht zu sagen: zu belauschen.

Im Personenzug von Scheibbs nach Wien-Hauptbahnhof, Zug hält in Wien-Meidling, sitzt am Nebentisch ein erkennbar topausgebildeter Fachmann, isst ein Paar Würstel, von der Servierkraft als *Däbräzenär* lobgehudelt, und trinkt eine Flasche Bier: *Zipfer hell*, ohne seinen Schluckmechanismus zu bemühen.

In Stainakirchen am Forst betritt ein daselbst zugestiegener Fahrgast routiniert den Speisewagen und erkennt – als ebenfalls sichtlich topausgebildeter Fachmann – den Herrn, der gerade eine Flasche Zipfer in sich hineingießt.

»Serwas, Gucki!«, grüßt er erfreut.

»Serwas, Emrah*«, grüßt dieser zurück. »Wie hammas?«

»Geh hör auf. I kumm grad von ana Woch'n Montage, no des woa a Hock'n.«

»Wieso, was woa?«

»An ZK vierzehn von Siemens hat's g'schoss'n.«

»Oijeh, was hast g'macht?«

---

* Emrah kommt aus dem Türkischen und bedeutet »der Freund«.

»Z'erscht hab i mi überhaupt net auskennt, oba dann hob i probiert, den Geber ausz'tauschen …«

»In Geber? Bei an ZK vierzehn? Hast an g'habt?«

»An Original kriegst ja net, jetzt hob i probiert, in Zentralbrenner mit ana Achter-Muff'n zum Puffern …«

»No, des is ja des Verkehrteste, was ma machen kann … mit ana Achter-Muff'n … wie hättst denn die eibaun woll'n?«

»No, mit ana Nagelzangen …«

»Mit ana Nagelzangen? Wo bist denn du in'd Lehr g'angen, zu an Fußpfleger?«

»Schön sprechen, gell. Mit was hätt'st denn du's probiert?«

»I hätt die Bimetall-Parität von der Wechselautomatik austauscht …«

»Mit was denn, bitte?«

»No, mit an Kropat-Schrauber einedraht und mit an Mikan-Schlüssel justiert.«

»Mit an Mikan-Schlüssel … mit so was arbeiten s' heute grad no in Basutoland. Mit den kriegst do ka Grundspeisung hi.«

»Mit an Zwölfer-Adapter scho …«

»Da kannst an Franzosen a glei nehmen.«

»Geh, hör ma mit de Franzosen auf.«

Die verblüffend an Marika Rökk erinnernde Servierkraft des Speisewagens räumt Teller und Besteck von Guckis Debreziner ab und fragt beiläufig: »Hot gäschmäckt?«

Gucki nickt unkonzentriert und fragt umso interessierter seinen Freund Emrah: »Host du's mit an Endbeschleifer probiert?«

»Was willst denn da endbeschleif'n, wann die Blindleitung kann Abzweig hat und mit jedem Kiloampere mehr ins

Brownout geht, weil der Schubfaktor im Oasch is, die Turbo-kompression auf ka Einheitsdrehzahl kommt und du kan IEC-Sechshundertachtzehner-Standard dablost?«

»No, und wanns d' es mit an Downsizing bei Freecooling über an Azipod-Akku probiert und ohne Drosselverlust die HCVE-Grundspeisung ang'steuert hätt'st?

»Mit ana Achter-Muff'n?«

»No, was host denn dann g'macht?«

»Pass auf: Ausgschoit'n, eingschoit'n, und a Ruah war.«

LUSTIG, LUSTIG, TRALALALA ...

POESIE BEIM BRAUSEN

Er beißt sich fest an deinem Körper
Wie fauler, nasser Filz,
legt sich keck in jede Falte
wie der Schimmelpilz.

Er saugt sich fest wie ein Kraken
und beginnt im Zuge dessen
dich klatschend schmatzend
Stück für Stück, systematisch aufzufressen.

Vergeblich ist da jeder Kampf,
du kannst ihn nicht gewinnen!
Warum wölbt sich der Duschvorhang
in billigen Pensionen immer nur nach innen?

Und auch beim Brausen
nie nach außen.

»ES GIBT WOHL VIELE, DIE GANZ STOLZ DEN SELBSTMORD EINE FEIGHEIT NENNEN. SIE SOLLEN'S ERST PROBIEREN.«*

Gelegentlich möchte man sich ein Loch in den Kopf schießen, so groß wie der Tauerntunnel.

Ja! Jetzt kriegen Sie in Österreich einmal einen Revolver her, als normaler Mensch. Da müssen Sie alle möglichen Daten bringen, einen psychologischen Test machen, und selbst wenn alles in Ordnung ist, kann noch immer einer kommen und sagen: »Nein, Sie sind einmal in einer Dreißigerzone siebenunddreißig gefahren, daher unzuverlässig und nicht befähigt, eine Faustfeuerwaffe zu besitzen.«

Und überhaupt ... sich erschießen!

Man muss sich schon in den Mund schießen, dass man sicher tot ist und nicht vielleicht als Pflegefall endet. Und sich dann noch von Oberg'scheiten anhören muss: »Der wollt sich doch nur interessant machen. Weu wann i mi wirklich umbringen will, dann schieß i ma net zwamoi in Unterkiefer.«

Und wer einen nur unzureichend geglückten Selbstmordversuch hinter sich hat, der wird unter allen Umständen ins Leben zurückgeholt, egal ob das Leben dann noch ein Leben ist. Und alle tun so, als hätte man sich nur geirrt: »Jessasmarandjosef, jetzt hab i mi doch tatsächlich daschossen, dabei wollt i mi nur rasieren.«

---

* Johann Nepomuk Nestroy

So als wäre es die reine Freude, dass du dann gelähmt in einem Cha-Cha-Cha-Wag'l sitzt, von oben bis unten angeschissen und nur mehr »prunzi, prunzi« sagen kannst.

Das Leben hat Würde und ist darum mit Gewalt aufrechtzuerhalten.

Als melancholisches Pferd, inkontinenter Hund oder trichinöses Schwein kommst du wenigstens auf Gut Aiderbichl, und irgendein Rustikal-Promi übernimmt deine Patenschaft.

Aber als Mensch?

Übrigens, Statistiker wissen, dass der häufigste Zeitpunkt für einen Selbstmord vier Uhr achtundvierzig in der Früh ist.

Warum die Leute deswegen so zeitig aufstehen, ist nicht bekannt, wo man sich an einem solchen Tag wirklich richtig ausschlafen könnte.

DER SCHLÜSSEL ZUM GLÜCK

Der Aristoteles war es, der gesagt hat: »Alle Menschen wollen glücklich sein.«

Und schon ist die Nickautomatik eingeschaltet.

Heute beginnen Politiker – ebenfalls um die Nickautomatik bei den Zuhörern einzuschalten – ihre Reden gerne mit Sätzen wie:

»Liebe Freunde, gestern um 16 Uhr war es erst vier Uhr Nachmittag.«

Alle nicken zustimmend.

Aber Glück … was ist das?

Glück als solches ist ein verwaschener Begriff. Denn Glück ist nicht tumbe, unreflektierte Fröhlichkeit, billige Verliebtheit, ephemerer Hedonismus, schnöde Zufriedenheit oder gar einfach eine heitere Wesensart. Glück ist auch nicht der verblüffende Zufall, der einen zu eigenen Gunsten trifft, denn trifft einen der verblüffende Zufall zu seinen *Un*gunsten, dann heißt er *Katastrophe*.

Nein.

Das Glück erwacht im Tagtraum.

Im Zustand der Weltabgewandtheit.

Beim, wie gesagt wird, *Ins-Narrenkastl-Schauen*.

Da sitzt, lehnt, liegt man da, starrt fast ohne Lidschlag ins Leere, ist zwar anwesend, aber nicht präsent, atmet völlig ruhig, der Puls fährt herunter, nichts tut weh, nichts, der eigene Körper, das eigene Sein hört auf, eine Last zu sein, man *verfeinstofflicht* sozusagen.

Man dringt ein in die Platon'sche Ideenwelt, alles scheint, ja, ist möglich, Horizonte lösen sich auf, die Dreidimensionalität multipliziert sich mit sich selbst, alles wird weit, man ist zum Geistwesen geworden.

Und weiß: Der Schlüssel zum Glück steckt von innen.

Letztlich ist Glück nichts anderes als Chemie. Schüttet unser Körper ausreichend Endorphine aus, so beginnen wir durchs Leben zu schweben und sind davon überzeugt, dass es schön ist.

Und denkt sich, *es wäre ungeschickt, sich heute aufzuhängen, wenn es in vierzehn Tagen sicher viel triftigere Gründe gibt.*

AUSRICHTEN /
(AUCH PROTZMÄULN*)

Es ist zutiefst österreichisch, *hinterrucks* zu reden. Nämlich halblaut, räsonierend weiterzureden, was das laut Gesagte ad absurdum führt.

Ein Beispiel: Zwei alte Schulfreunde treffen einander unvermittelt.

»Jössas, der Chudaczek!«
»Na geh, des gibt's net, da Traxler!«
BEIDE UNISONO: »Wie geht's da?«
BEIDE UNISONO: »Ja, eh so weit okay.«
»Kannst dich noch an die Herta erinnern?«
»Die Zechmeister Herta?«
»Genau, des war a Welthas, was? De tät i heut no budern.«
»Die Herta ist jetzt seit einundzwanzig Jahren meine Frau.«
»Hahaha, a nimmer die Jüngste, gell?«
»Ruf ma uns einmal z'samm!«
»Genau, das mach ma.«
»Hat mich g'freut, gell ...«
»Ja ... mich auch, und Handkuss an die Frau Gemahlin!«
Beide entgegengesetzt ab.
NACH EINIGEN SEKUNDEN UNISONO: »Trottl.«

---

*   Alt-Wiener Ausdruck für desavouierendes Nachreden

AUSRICHTEN II

Nach Partys im Allgemeinen, nach sommerlichen Grill-
abenden im Besonderen wird in Österreich gerne *hinterrucks*
geredet.

Ein Beispiel: Der reizende Abend ist zu Ende, die Gäste haben
sich umständlich, da mäßig alkoholisiert, verabschiedet. Die
Haustür wird versperrt, um unsensiblen Gästen ein Wieder-
betreten zu erschweren.

SIE: Also, die Neue vom Hartmut, das ist vielleicht eine
    Flitsch'n. Glaubst', die hätt einen Teller reingetragen oder
    mir sonst zumindest schmähhalber bei irgendetwas gehol-
    fen?
ER: Der Hartmut redet aber auch oft einen Blödsinn z'samm,
    das geht auf ka Hutschnur.
SIE: Aber gegen sie, die Frau Prinzessin, die es unter ihrer
    Würde findet, auch nur einen Teller reinzutragen, ist der
    Hartmut ein Geistesriese. Der hat wenigstens seinen Teller
    reingetragen und die Aschenbecher ausgeleert.
ER: Deswegen bleibt er auch ein Dodel. Seine Tusnelda kann
    wenigstens an grad'n Satz sagen.
SIE: Von mir aus könnt's grenzdebil sein, wenn's ein paar Teller
    reintragen hätt.
ER: Sie hat doch eh die Glasln rein'tragen.
SIE: No, a scho was. Glasln. Teller kein einzig'n.
ER: Mir ist die ganze Partie unsympathisch.
SIE: Geh, bring die Teller rein.

KENNEN SIE ...

... diese Leute, denen man erklärt, dass die Kontingenz des Daseins nichts anderes als ein Dasein zum Tode ist, und dass durch seine evidente Sinnlosigkeit der Mensch begonnen hat, in jeder noch so finsteren Ecke einen Sinn des Lebens zu suchen? Zunächst mehrere Götter, dann tragischerweise nur noch einen archaisch wuchtigen, anthropotypischen Gott zu erfinden, der durch Androhung ewiger Verdammnis den Menschen halbwegs daran hindert, mordend und brandschatzend durch die Welt zu laufen, also seinen »freien Willen« im Zaum hält, und der sich jetzt durch die Erkenntnisse der Gehirnforschung in zunehmendem Maße einem fatalen Neurozentrismus und völliger Determiniertheit ausgeliefert fühlt ...

... und die dann darauf verständnislos und gottergeben seufzen:

»Jo, mei!«

SATIRE IST SPOTTEN. NIEMALS KLAGEN

Es stellt sich, wie bei aller Kunst, die Frage: Kann man mit Satire die Welt retten?

Da die Welt nicht zu retten ist, lässt sich diese Frage mit einem klaren Nein beantworten.

Aber – und das ist eine ganz andere Frage – kann man mit Satire die Welt *verändern*?

Die Wirklichkeit eilt der Satire voraus. Nun stellt sich die Frage, wie kann man etwas, das vorauseilt, später mit Satire verändern? Denn einer zu kritisierenden und dadurch zu verändernden Geisteshaltung muss ein Impuls, eine Initialzündung, de facto also ein Ereignis vorausgegangen sein, das zu dieser Haltung geführt hat. Wie soll heute jemand wissen, welches Ereignis die meisten Menschen zu verkleideten Tieren gemacht hat?

Das Einzige, was man sagen kann, ist: Dieses auslösende Ereignis – sei es grob- oder feinstofflicher Natur – muss weit zurückliegen, denn der Mensch im Allgemeinen und der Österreicher im Besonderen ist schon seit Jahrtausenden ein nützlicher Idiot. Wenn man heute die Rücksichtslosigkeit, die Intoleranz, die mentale Trägheit und die verbreitete Affinität zum Faschismus anprangert, so müsste man, um diese Eigenschaften zu korrigieren, das auslösende Ereignis kennen. Was ist wann und warum geschehen, dass wir heute sind, wie wir sind? Und sollte sich herausstellen, dass wir schon so geboren wurden und werden, dann ist es wohl vollkommen aussichtslos, etwas daran zu ändern.

Der beste Satiriker kann da nichts machen.

So viel einmal zum streng Theoretischen. Wenn sich schon im Nachhinein nichts mehr ändern lässt, so kann Satire vielleicht eingreifen. Eingreifen heißt ordnen.

Es ist ja nicht so, dass Kabarettbesucher nach einer Vorstellung, in der zum Beispiel die zunehmende Armut drastisch angesprochen worden ist, sofort die Börse in Brand stecken. Aber möglicherweise geht der eine oder die andere nach Hause und überprüft, ob zum Beispiel die festgefügte Meinung, dass jeder, der arbeitslos ist und in der Folge verarmt, immer selbst daran schuld ist, wirklich stimmt.

Ob man unhinterfragt den Blödsinn von »den Fleißigen und Tüchtigen« und den anderen, den »Faulen und Patscherten«, nachplappert. Erzählt vielleicht, wenn jemand diese Abgeschmacktheiten äußert, von einem Kabarett-Abend, wo einer das so und so dargestellt hat, und wenn man ganz ehrlich wäre, »ein bissl ist es schon auch so«.

Möglicherweise lacht der dann auch und erzählt es weiter.

Ja, das schafft Satire allemal. Theoretisch.

Allein, die, die es massiv anginge, lesen ja keine Satiren, gehen ja nicht ins Kabarett. Und die Daheimgebliebenen sind in der Überzahl. Das ist ja das Entsetzliche an der Kunst, von der man verlangt, dass sie verändert: Sie findet in Abwesenheit derer statt, die man verändern möchte. In den Theatern, die Erziehungs-, Bildungs- und/oder Kulturaufträge haben, in die geht eine kulturbeflissene Klientel nickend hinein und kommt nickend wieder heraus. Ein Stück darüber, dass Sport eine Versuchsanordnung für Faschismus ist, schaut sich kein Hooligan an, und für die schonungslose Collage über den Holocaust kauft sich kein Neonazi eine Karte. Selbst die subtilsten, traurigsten Witze würden in einem solchen keinen Zweifel an seinem Weltbild aufkommen lassen.

Zwei Juden stehen in Wien an der Ringstraße, dicht gedrängt mit Tausenden anderen Wienern, in freudiger Erwartung der Alliierten.
Sagt der eine: »No, bin ich froh, dass wir endgültig los sind den meschuggenen Hitler.«
Das hört ein Unverbesserlicher und zischt: »Halt dein Schlapf'n, Saujud!«
Darauf der Jude: »Oh, verzeihen Sie, ich hab geglaubt, man derf schon.«

Und trotzdem spielt die Satire eine, zwar, Statistenrolle in der Burleske der Ereignisse, die dann in Summe aber ein Umdenken herbeiführen kann. Doch es wird dadurch nicht beschleunigt, und es würde, wäre die Welt frei von Satire, ohnedies stattfinden. Vielleicht vierzehn Tage später, stattfinden allerdings würde es.

Die Satire kann uns sehr gut unsere eigene, ja, die Lächerlichkeit der ganzen Welt vor Augen führen. Wenn ein Mensch darüber zu reflektieren beginnt, dass einschließlich ihm selbst die Welt eine lächerliche ist, so ist schon viel getan. Bedenkt man zusätzlich, dass erst mit dem Auftreten des Menschen das Lachen und damit das Lächerliche in die Welt kam, so ist die These, der Mensch und mit ihm die Welt, in der er lebt, wären von Grund auf lächerlich, mehr als untermauert.

Einen Augenblick lang nur zu erwägen, dass unsere Existenz lächerlich ist, eine Sekunde nur sich als Wesen in einem gottlosen Universum zu fühlen, das tut schon was. Das verändert den Blick aufs Geld, aufs Auto, auf den eigenen Vorteil und auf die Obrigkeit. Es kann den ganzen Lebensentwurf durcheinanderbringen. Natürlich untergräbt die Erkenntnis der Sinnlosigkeit auch die Moral.

»Gäbe es keinen Gott, es wäre alles erlaubt« – wer immer das auch gesagt haben mag. Aber wo drängt sich denn jetzt das Moralische, das Mitmenschliche, das Brüderliche vor?

Ja, in den Grenzbereichen des Lebens, vor seinem Beginn und knapp vor seinem Ende, da sind die Moralisten zu finden. Sie bigotten herum, wenn es ums ungeborene Leben geht, und faseln von Würde, wenn Würde im vergehenden Leben gar nicht mehr möglich ist, weil man halbseitig gelähmt im Bett liegt und um die letzte Spritze bettelt, sie aber nicht kriegt, weil sich ein paar Scheinheilige moralisch-ethisch gebärden. Kost ja nix.

Jeder ist ganz wichtig, fleißig und tüchtig, das Leben ist kostbar, der liebe Gott und die Gemeinschaft der Heiligen.

Alle Menschen sind eine große Familie, also Vorsicht.

GUTEN APPETIT ...

WAS ISST' DENN?

In einem gutbürgerlichen Gasthaus am Attersee mit aufwendiger Speisekarte sitzt ein faltenreiches Ehepaar.

Er blickt unwirsch vor sich hin, atmet immer wieder röchelnd ein und aus, sie studiert die reichhaltige Speisekarte, wobei die Dame in selbstlosem Ehe-Irresein ihren teilweise mit Tracht bekleideten Gatten gewissermaßen berät: »Schau, ein Kalbsrieslingbeuschel haben s'.«

Der semi-trächtige Gatte weist diesen Vorschlag weit von sich: »Geh, i iss doch ka Beuschel ...«

»Früher hast du gern einmal Innereien gegessen.«

»I? I hab nie gern Innereien g'essen!«

»Na, dann vielleicht ein Schulterscherzel mit Kohlgemüse und Röstkartoffel?«, versucht es die mütterliche Gattin weiter.

»I iss doch kan Kohl«, er beugt sich verschwörerisch zu ihr, röchelt: »Da krieg ich doch diese Blähungen.«

»Und was wär mit was ganz Einfachem? G'röste Knödel mit Ei und an grünen Salat?«

Der Herr schüttelt fast empört den Kopf, röchelt heftig: »Weg'n g'reste Knedl foa i do net am Attersee!«

»Na dann vielleicht einen Fisch?«

»Geh, i iss doch kan Fisch ... da erstick i wieder halbert an ana Grät'n.«

»Was Vegetarisches eventuell, Tagliolini mit Ricotta-Füllung oder so ... Spaghetti haben s' auch.«

»I iss doch kane Spaghetti, i brauch das ganze Nudelzeug net!«

Sie blättert die Speisekarte gottergeben noch einmal von vorn durch: »Wiener Suppentopf?«

»I schlemper mi do net mit an Topf Supp'n voll.«

»Pilzrahmgulasch magst ja auch nicht …«

»Woher denn … willst mi vergift'n?«

Der alerte Kellner tritt zum Tisch: »Was nicht in der Karte ist, die Herrschaften, unsere Tagesspezialität: Lammstelze in Rosmarin-Jus und Polenta?«

»Hean S', i iss doch kan Polenta!«

Die Gattin wendet sich nun eine Entscheidung fordernd an ihren Mann: »Also, was soll ich dir jetzt bestellen?«

»Ja, irgendwas halt, i iss ja eh praktisch alles.«

GEPFLEGTE SPEISEN
(AUS EINER SCHONUNGSLOSEN RESTAURANTKRITIK)

Es gab irgendeinen öligen Schlangenfraß, und es war nicht zu erkennen, woraus die gatschige Sauce bestand, ob aus meuchlings zerquetschtem Gemüse und/oder einem gehäckselten Wettex-Tuch, in der eine unansehnliche Wurst schwamm, zu der der Kellner meinte, die Wurst stamme »vom Bauern«, was die nicht eruierbare, zu einem zweifelhaften Rotbraun tendierende Farblichkeit als Naturbelassenheit, gewissermaßen als »Bio« ausgeben sollte.

Es ist grundsätzlich interessant, dass bei ekelhaft aussehenden Nahrungsmitteln, egal ob Fleisch, Gemüse oder Milchprodukte, die man so nie essen würde, kaum dass jemand sagt, sie wären »vom Bauern«, sich das Ekelhafte im Kopf des Betrachters in *echt*, *unbehandelt*, *erdig*, *gesund* und *vollwertig* verwandelt. Es kann durchaus sein, dass der Bauer, der seine Erzeugnisse auf diversen Märkten anbietet, die »Ab-Hof-Produkte« eine Weile gezielt anfaulen lässt, bis sie absatzfördernd angemürbt aussehen und das Auge des ernährungsbewussten Bio-Freundes erfreuen.

Einer Wurst sieht man ihre Herkunft von Fleisch gar nicht mehr an, nämlich dass es sich in Wirklichkeit um zerhackten, vermanschten Schlachtungsmüll, Tierreste und andere zweifelhafte Ingredienzien handelt, die durch starke Überwürzung gerade noch mit dem Lebensmittelgesetz vereinbar waren. Eine Wurst sieht aus, als hätte sie sich selbst gemacht und von ganz allein in die Fleischvitrine begeben.

Ludwig XV. hat nicht von ungefähr gesagt: »Zwei Dinge darf der Bürger nie wissen: Wer wirklich die Macht hat und was in der Wurst drinnen ist.«

176

FOR GOURMETS ONLY

Es hat sich seit Langem schon in exklusiven Restaurants in den aufwendig gestylten Speisekarten ein ganz eigener Schreibstil eingebürgert (eigentlich müsste man sagen einge*adelt*), der beim Feinschmecker schon während des Studiums derselben vermehrten Speichelfluss auslösen soll.

Etwa so: Empfehlung des Chef de Cuisine à la minute:

> *Les pis de vache surprise* (Kuheuter mit Überraschungen)
> Fächer vom hauchdünn filetierten Bio-Kuheuter, sorgfältig geschmort mit den würfelig geschnittenen eigenen Euter-vierteln und sautiert mit rosigen Zungenspitzen des heimischen Milchkalbes, garniert mit grob gehobelten, kross angebratenen Hufspänen an pikant mariniertem Hornsplitter-Carpaccio. Dazu servieren wir ein Glas Milch.
> Im Anschluss kann man ja einen *schönen Wein* trinken.

Auch die immer bedeutender werdende Gemeinschaft der Vegetarier und vor allem die der Veganer möchte auf Hauben-küche (wobei die Haube keine tierischen Bestandteile enthalten darf, also nicht etwa aus Wolle, sondern aus Hanf, Soja oder etwa Seitan gefertigt sein muss) nicht verzichten. In entsprechenden Restaurants werden in naher Zukunft daher rein pflanzliche Köstlichkeiten angeboten werden, um das Kulinarische der veganen Ernährung einer breiten Öffentlichkeit von Opinion-Leadern anzubieten.

Sehr gerne genommen wird: *Le buvard avec la miette exqui-site de carton et plein d'ingrédients, que nous ne connaissons pas encore.* (Löschblatt mit feinsten Bröseln aus Karton und vielen Zutaten, die wir noch nicht kennen.)
A4-Löschblatt, in frischem Regenwasser leicht gebrüht, mit behutsam zerrissenem Huflattichblatt, nachhaltig abge-schmeckt mit einer nach einem jahrtausendealten Rezept hergestellten Gewürzmischung aus Donawitz; geschnet-zelte Korkeichenrinde unter aromatischen Virginia-Taba-ken. Als Beilage servieren wir einen lauwarmen Tannen-zapfen, der von geschultem Personal rektal verabreicht wird. Danach empfehlen wir ein Gläschen Korinthenkackerlikör.

Die fernere kulinarische Zukunft könnte sich in Speisekarten (die dann als iPad gereicht werden) so niederschlagen:

Composition du menu d'insecte (Buntes Kerbtier-Gericht)
Riesenstabheuschrecke, ungeschält im Ganzen, in gepuffer-tem Schabenkot mit halbtoten rohen Trichinen gesotten; an getrüffeltem Kartoffelbrei im Tarantel-Abdomen, verfei-nert mit Bio-Urin-Jus von der Siamkatze. Dazu reichen wir Erbrochenes vom Weißhandgibbon.
Selbstverständlich kann man auch in diesem Fall *anher* ein schönes Glas Wein trinken.

Das Bodenständige der großbürgerlich-rustikalen Küche in Gasthäusern, die anbiedernd heimataffine Namen tragen wie *Bradlkuchl, Wirtshaus zum Hockenbleiber* oder *MuttisTuttis* wird uns in den diesbezüglichen Speisekarten, die manchmal keck etwa *Anhabern und zuaschütten* oder *Genießen, bis dass man speibt* betitelt sind, hochwahrscheinlich auch in Zukunft erhalten bleiben. Die landadelige Bäuerlichkeit und das Zünftige schlägt sich naturgemäß auch in der Stilistik der Beschreibung der Speisen nieder, die sich unverhältnismäßig vieler Diminutive bedient: Lendenbatzln von der bladen Sau mit großzügigem Fettrandl im Butterschmalzsaftl mit ausreichend üppigem Grammelschmarrn und XXL-Speckstückerln. Zum Magenaufmachen gibt's vorher ein geeistes Schweinsfußerl-Sorbet im eigenen Schweiß. Dazu reichen wir ein Krügerl Starkbier, in dem ein Teelöfferl Bullrich Salz aufgelöst ist. Zum Magenschließen reichen wir einen bemoosten handgebeizten Eichenholzteller mit aromatischen Vollfett-Weichkäsen und Pfefferkörndln aus salzburgischen Salinen. Lasst's euch schmeck'n, Leutl'n.

Zum *Pfiat Gott* hamma unser dreifach gebranntes Tollkirschenschnapserl. (Nach drei Stamperln gibt's einen Blindenhund gratis.)

IST BEI IHNEN ALLES IN ORDNUNG?

Ich war einmal im Salzkammergut in einem Gasthaus, man möchte sagen, ein Restaurant beinahe, und habe eine Kleinigkeit gegessen ... Man soll sich ja zurückhalten beim Essen, wenn man älter wird, die Bequemlichkeit langsam über die Mode triumphiert und man sich nach dem Schuhezubinden kurz hinlegen muss ...

Was hab ich denn schon gegessen ... Eine Grießnockerlsuppe, einen wirklich hervorragenden Rostbraten mit einem ganz dünnen Fettranderl nur und Bandnudeln und nachher so ein kleines Biskuit mit flüssiger Schokolade drinnen, die so rausfließt, wenn man's ansticht ... Also nicht weiß Gott was. Weil meine Frau immer sagt: »Wie du schlanker warst, sind wir uns näher gekommen.«

Ja, und ich sitz da, trink eine Melange, kommt ein junges Mädel, Kellnerin-Lehrling, so im zweiten, dritten Lehrjahr, und fragt mich, so eingelernt, wie es in der gehobenen Gastronomie jetzt schon eine ganze Weile gang und gäbe ist: »Ist bei Ihnen alles in Ordnung?«

Sag ich: »Nein, mein Blutdruck ist zu hoch, mein Cholesterin ist grenzwertig, ich hab in fast jeder Lebenslage Kreuzweh, neige zum Rundrücken, und ich krieg graue Haare, weil ich mich so über meine Falten ärger! Und übrigens bin ich draufgekommen, dass meine Existenz vollkommen sinnlos ist!«

Sagt das blöde Mensch, muss man schon sagen, mit dieser Art von in Gastronomie-Seminaren erlerntem, verbindlichem Grinsen, das unzweifelhaft signalisiert, dass ich der aber so was von wurscht bin: »Darf es sonst noch etwas sein?«

DER REST BLEIBT ÜBER ...

WARTEN AUF ... WAS?

Die für schlichte Gemüter zurechtformulierte Prämisse »mehr Leben in die Tage zu geben als bloß mehr Tage ins Leben« ist nicht leicht zu bedienen. Ein Tag, an dem man sich vorgenommen hat, möglichst viel Leben in ihn zu füllen, ein solcher ist ein verlorener Tag, wenn man zum Beispiel auf wen oder was auch immer warten muss, in einer endlosen Schlange steht und aus praktisch-administrativen Gründen nicht einfach ausbrechen kann, weil sonst die nächsten Wochen womöglich noch inhaltsleerer und lebloser an einem vorbeigehen.

Wir vergehen mit und vor allem in der Zeit, egal ob wir dabei an Tagen »das Leben spüren« oder doch nur das dumpfe, amorphe Dasein. Die sogenannten *herrlichen Tage* vergehen genauso schnell oder genauso langsam wie die Tage, an denen wir sagen: »Na hoffentlich ist der Tag bald vorbei.« Und je mehr man hofft, dass so ein nicht gelungener Tag, dem man entweder kein Leben einhauchen konnte oder dem äußere Umstände das Lebendige genommen haben, vorübergeht, desto länger dauert er subjektiv.

Wenn gar nichts geht an so einem Tag, auch durch Beschönigungen mit Speis und Trank nicht, neigen viele Menschen dazu, sich, wie schon erwähnt, zu bedanken, dass sie wenigstens noch leben oder weitgehend beschwerdefrei waren und die *Vogerln* so schön gesungen haben.

Daraus können wir schließen, dass es selbst unter den größten Anstrengungen, Leben in die Tage zu geben, ja, Leben in sie hineinzusimulieren, nicht möglich ist, aus diesen Tagen solche zu machen, die man brauchen kann. Das heißt weiter, dass das

Leben hauptsächlich aus Tagen besteht, die wertlos sind. Menschen, die diese Tatsache über die Ratio nicht mehr beherrschen und bewältigen können, werden depressiv oder zumindest schwermütig. Diese Indisposition äußert sich speziell bei Österreichern, die ja von Natur aus denkfaul und philosophiefern sind, besonders augenfällig.

Die meisten aber bemerken gar nicht, wie leer die Tage sind, wenn nicht etwas Katastrophales geschieht. Dann sind sie aus der Bahn geworfen, weil sie bis dato nur vor sich hin gestoffwechselt haben, und es gelingt nicht, Leben in die ihnen verbleibenden Tage zu bringen. Im Gegenteil, sie ziehen sich ratlos in sich selbst zurück, in ein Selbst, das nichts anderes als ein Elendsquartier ist. Auch die Bundesliga und das Hahnenkamm-Rennen interessieren dann nicht mehr. Sie verkriechen sich aufs Erniedrigendste, ohne zu erkennen, dass diese Ereignisse nie wirklich interessant gewesen sind. Sie dienten nur der Ablenkung von ihrer inhaltsleeren Tristesse und ihrem latenten Lebensekel.

Das Leben gibt zu wenig her. Denn die Tatsache, dass wir leben, dass wir sind, ist ja zunächst für einen Geistesmenschen noch gar nichts. Ein Gefäß bestenfalls. Und wenn weit und breit nirgends etwas zu finden ist, womit man es füllen kann, ist das Gefäß obsolet und könnte genauso gut weggeworfen werden. Eine Minute, eine Sekunde nur, die das flüchtige »Jetzt« anhält und uns einen Wechselschritt im Gleichschritt der Beliebigkeit machen lässt, genügte schon, um einen ganzen Tag mit Leben, Bedenkens- und Berichtenswertem auszustatten. Wenn ein Gedanke den nächsten gebiert und fort und fort Gedanken, ja, Hintergedanken hervorbringt, dann ist das ein guter Tag.

Entweder ist das Leben, was die Hervorbringung solcher Tage betrifft, nicht ausreichend ausgerüstet oder der menschliche Geist ist dafür nicht angelegt. Soll heißen, wir stecken unumstößlich in einem System, einem Schöpfungskonzept fest, in dem Glück, Besonderes und Großartiges nicht vorgesehen sind.

Die Ärmsten sind ja die, die den Mangel an Lebensessenz – wissentlich oder nicht – spüren und sich in eine Lebenslüge hineinromantisieren, die sie jedes »Butzerl«, jedes »Hunderl«, überhaupt jedes »Viecherl« und jedes »Blumerl« und alle diese Abgeschmacktheiten zu Lebenssinn hochstilisieren lässt.

In seinen überwiegend dunklen Stunden begibt sich der Mensch auf Sinnsuche und (er)findet sich einen Gott und des Weiteren eine Religion. Das streng religiöse Leben strukturiert dann mittels Ritualisierung die Tage so, als hätten sie in der Zuwendung zu einem »Gott«, seinen Gesetzen, seinen Ge- und Verboten, alle etwas Besonderes, ja etwas Heiliges. Und wenn man sich täglich zwanghaft dem Heiligen widmet, was man sich ja aus Liebe zu einem »Gott« freudig aufzwingen lässt, kommt kein Müßiggang mehr auf, wo man voller Entsetzen in die Leere seiner Tage blickt, weil der Blick ja ständig dem Heiligen in Gebeten oder Andachten zugewandt ist. So bettelt man in würdelos krampfhafter Selbstsuggestion, ja Selbsthypnose um sein Heil, nur damit man dem Nichts, dem Wertlosen, dem Peripheren entkommt. Das ist die Wahrheit.

Viele versuchen, zur Ablenkung, von dieser jener Wahrheit durch Sport davonzulaufen. Viele Sportler scheuen keine

Anstrengung und im Spitzensport keine Droge, um ihren Körper durch extremes Abverlangen, ja Abringen von – für die Menschheit völlig irrelevanten – Höchstleistungen, so dominant spürbar zu machen, dass ihr Kopf ganz leer ist und sie die Abwesenheit von Gedanken, die den einen oder anderen Tag bedeutend machen könnten, gar nicht mehr wahrnehmen. Hätten sie mehr und mehr von diesen Tagen, ließen ihre sportlichen Leistungen in der Sekunde nach.

Ein Weltklasse-Spitzensportler darf »nichts anderes im Kopf haben als seinen Sport«, wie man so sagt.

Wir stehen vor dem Dilemma, vor der grausamen Tatsache, dass Glück, Erfüllung und psychische Gesundheit nur von diesen Tagen mit den überraschenden Gedanken abhängen. Wer sie nicht erkennt oder vielleicht nie hat, der bleibt … »nur ein trüber Gast auf dieser dunklen Erde«.

Die Tage vergehen so vor sich hin, und die steten Wiederholungen, die zur Alltagserledigung stattgefunden haben, vernebeln die Schärfe der Sinne, die gebraucht wird, um das Berichtenswerte im Fluss der Zeit zu sehen, zu verinnerlichen und letztlich zu kritisieren.

Und tatsächlich ist außer Vergehen nichts geschehen.

Was nützt es uns da, dass Søren Kierkegaard gesagt hat: »Es ist ganz wahr, was die Philosophie sagt, dass das Leben rückwärts verstanden werden muss. Aber darüber vergisst man den andern Satz, dass vorwärts gelebt werden muss.«

Es kommt natürlich sehr darauf an, wo man sich die Sinnfrage stellt. Wenn man einen Bergesgipfel erklommen hat und dann so oben steht, denkt man bald: Ja, es bedeutet etwas, dass man grundlos geboren wird, sich durchs Leben schleppt und durch Zufall stirbt. Es hat schon seinen Sinn, Teilchenbeschleuniger zu bauen und neue Zahnzwischenraumbürsten zu vermarkten.

Aber in der U-Bahn, um sieben Uhr früh, inmitten von hässlichen, teils übelriechenden Menschen, die entsetzlich laut telefonieren oder auf böse Art unglücklich vor sich hinschauen – und wenn sie dann lachen ... noch hässlicher werden, denn der Unglückliche ist hässlich, besonders, wenn er lacht –, da denkt man sich, nach Nestroy: *Wenn ich die Welt mit einem meiner Haare retten könnte, ich gäbe es nicht her.*

Ja, da bleibt einem *das Lachen im Halse stecken*, wie gesagt wird. Das wird in der Hochkultur gerne genommen. Ich finde das furchtbar. Man setzt zu einem Lachen an, das Zwerchfell vibriert vorauseilend und dann ... nichts.

Das erscheint mir so, als käme knapp vor dem Orgasmus der Ehepartner nach Hause. Die Ermordung einer schönen Theorie durch eine hässliche Tatsache.

Die Liebe ist auch so ein Problem, das die Sozialdemokratie nicht lösen konnte. Aber wer will, dass die Sozialisten an allem schuld sind, muss sie auch wählen.

UNERLÖST

Man lässt Menschen auf ihrem Restleben herumkauen, aber sie es nicht ausspucken.

Hinter der Kriminalisierung der Tötung auf Verlangen und den administrativen Barrieren steht nach wie vor ein voraufklärerisch, dogmatischer katholisch/protestantischer Impetus, der letztlich die Sünde bemüht und vor allem argumentiert, niemand könne dem, der schließlich die finale Medikation vornehmen muss, diese Verantwortung zumuten.

Aber es ist überwiegend PhilippinerInnen, ThailänderInnen, PolInnen, RussInnen et cetera nach solcher Lesart ohne Weiteres zuzumuten, halbtoten Krüppeln den Arsch zu putzen, sie in Rollstühlen sinnlos herumzufahren und einseitige, infantile Gespräche mit ihnen zu führen.

Der Tod ist eingetreten, wenn ein Mensch am Leben in keiner Weise mehr teilnehmen kann, seine Körperfunktionen nicht mehr im Griff hat und nur mehr blödsinnig vor sich hin sabbert.

Der Tod ist eine narzisstische Kränkung der Ärzte.

Erlösung? Wo ist sie?

Wir sind unerlöste Wesen in einem gottlosen Universum, der Tod ist uns gewiss, nirgends ist etwas, und schon gar nicht jemand, das oder der/die uns liebt.

Und in einer schlaflosen Nacht spürt man, wie sich das eigene Ende anfühlen könnte. Da macht es so zwischen Herzmuskel und Bauchspeicheldrüse einen Schnalzer, und man hat eine knappe Viertelstunde eine unbeschreibliche Angst. Der

Vorteil dabei ist, dass einem in dieser Viertelstunde sein Kontostand wirklich komplett egal ist.

Dennoch: Der Tod kann so schlimm nicht sein, lässt er sich doch weitgehend im Liegen erledigen.

»Wenn das Ende nicht mehr weit ist, ist der Anfang schon gemacht.«
(Konstantin Wecker)

IMMER IST ETWAS

Wir können uns ja nichts oder »das Nichts« nicht vorstellen. Es geht gerade noch, sich einen Raum vorzustellen, in dem nichts und niemand drin ist, aber da ist immer noch der Raum, also etwas. Alle von uns haben zwar schon Räume gesehen, bei denen sie sich gewünscht hätten, nichts und vor allem niemand wäre da, aber der Raum blieb.

Seufzen wir nicht alle mal: »Immer ist was!«?

Gut, man sagt auch oft genug: »Schon wieder nichts«, aber das sagt man ja nur, weil etwas nicht das geworden ist, was wir wollten, dass es wird.

Frauen sagen zum Beispiel gerne auf die Frage: »Was hast denn?«

»Nichts.«

Und das ist erst recht nicht nichts, das ist das Gegenteil von nichts, das ist aufkommendes unangenehmes, stimmungstötendes Beziehungskino, also ein Riesenetwas! Und das Schlimmste: Wenn die Frau dann mehr oder weniger dramatisch schildert, was sie hat, warum sie es hat und Verständnis einfordert, sagt der Mann: »Bitte, das ist doch nichts.«

Auch in der Politik wird nach Ruchbarwerden eines Skandals von den Verdächtigten und ihren Pressesprechern gesagt: »Es gibt *nichts*, das darauf hinweist, dass *etwas* geflossen ist. Wer so *etwas* behauptet, hat *nichts* in der Hand.« Da verschwimmt das Entgegengesetzte von »nichts« und »etwas« vollends.

Handwerker allerdings meinen nach Reparaturen: »So. Jetzt diafat *nix* sei, wann *was* is.«

Wie bei der Frage, deren Klärung übrigens völlig irrelevant ist, wie das Universum entstanden ist oder gar wer es »erschaffen« hat.

Nachdem man erkannt hat, dass zum Überleben des menschlichen Organismus halbwegs regelmäßiger Stuhlgang mehr oder weniger ausreicht, ist es verwunderlich, warum sich solche Wesen mit Dingen wie dem expandierenden Weltall, Paralleluniversen, Quanten, Quarks, Strings und Lichtgeschwindigkeit abgeben. Was soll ich mich um die Vereinbarkeit der Multiversum-Hypothese mit der Evolutionstheorie kümmern, wenn ich Erektionsprobleme habe?

Die Schöpfung als Gesamtkonzept ist in Wahrheit ein Pfusch. Was soll in einer knappen Woche und einem Ruhetag schon groß herauskommen?

Der Mensch als Krone der Schöpfung?

Und was ist aus dem Menschen im Laufe der Jahrtausende geworden? Ein Verbraucher! Und wenn er ein Normalverbraucher ist, heißt er »Otto«.

Sieben Milliarden Trockennasenaffen*, die alle auf der Suche nach dem Glück sind ... So viel Glück kann es doch gar nicht geben. Aber: Wehleidig und rücksichtsvoll, wie wir zu uns selbst sind, sagen wir immer: »Es menschelt«, wenn es heißen müsste: »Es trottelt!«

Und: *Kann ein Mensch, dem einmal klar geworden ist, dass er den Liebesakt letztendlich mit Ausscheidungsorganen durch-*

---

* Unter den Primaten gehört der Mensch zur Unterordnung der Trockennasenaffen.

führt, kann so ein Mensch überhaupt noch jemals glücklich werden?

Nun: Den Menschen, den Homo sapiens, gibt es seit etwa zweihunderttausend Jahren. Das erste Leben hat sich aber schon vor rund dreieinhalb Milliarden Jahren manifestiert, und zwar in Form von Cyanobakterien, Blaualgen, wie man sagt. In Wahrheit ist das, was heute als schleimiger Film jeden Besitzer eines Aquariums nervt, der Sieger der Evolution.

Weil's immer heißt: die Natur! *Die Natur ist so schön,* und dann zeigt man uns herrliche Sonnenuntergänge, majestätisch schleichende Löwen, listig lauernde Leoparden, gravitätisch schreitende Giraffen und diese Sachen. Niemand zeigt uns aber eine Hufeisenmaulfledermaus, einen Marabu, einen Helmkasuar, eine riesige giftige Assel oder, bleiben wir im Lande, gar einen Brombeer-Blattspanner – einen Falter, der wegen seiner Ähnlichkeit mit Vogelscheiße vor Fressfeinden weitgehend geschützt ist.

Oder einen Pelikan! So ein Pelikan ist ja vom Gesicht her so schiach, dass er einem schon wieder leidtut. Und ich weiß bis heute nicht, wie die aus dem eine Füllfeder machen.

Und, in diesem Zusammenhang: Auch die menschliche Schönheit scheint zweifelhaft, wenn man weiß, dass gut ein Drittel unseres Erbgutes mit dem einer Kartoffel übereinstimmt.

Wenn man uns vormacht, wie schön die Welt ist, zeigt man uns nicht den Nacktmull, das Erdferkel, die malaysische Königskakerlake, das Dreizehenfaultier, das Andenborstengürteltier oder gar den Schlitzrüssler.

Ein Philosoph der Antike, nämlich Kerkidas, soll gesagt haben: »... eine herrliche Welt von Wesen unvergleichlicher Schönheit ...«.

Haha. Aber es bleibt uns ja gar nichts anderes übrig, als die Welt schön zu finden, weil wir keinen Vergleich mit einer anderen Welt haben.

Schon, wir können zum Beispiel sagen, der Sonnenuntergang in Schaßleiten an der Knatter ist nicht so schön wie der Sonnenuntergang in der Südsee. Aber wenn die ganze Welt so wäre – jetzt einmal nur angenommen –, wenn es auf der ganzen Welt so wäre wie in Schaßleiten, wäre doch auch der dortige Sonnenuntergang für uns das Nonplusultra!

Und die Dichter hätten geschrieben: Wenn in Schaßleiten die Sonne hinter der grauen Betonmischmaschine versinkt, taucht sie den BAUMIT-Grobsandcontainer in magisch güldenes Licht ...

Die Welt ist so empfindlich. Kaum erfindet der forschende menschliche Geist irgendwas, ist gleich irgendwo was vom Aussterben bedroht, regnet es sauer, bebt die Erde, kommt der Tsunami, öffnet sich das Ozonloch, schmelzen die Polkappen, steigt der Meeresspiegel. Wobei Letzteres zunächst nur für Menschen mit Erdgeschoßwohnungen unangenehm ist.

Übrigens gibt es sogar Wesen, die potenziell unsterblich sind, wie die Hydra vulgaris, den Süßwasserpolypen. Der Süßwasserpolyp ist biologisch unsterblich ...

Und? Wie ist der so, der ... Süßwasserpolyp? Wie schaut der aus?

Nur so viel: Der Mund ist gleichzeitig auch After und Geschlechtsorgan. Dadurch erfolgt die Fortpflanzung des Süßwasserpolypen auf sehr ungewöhnliche Weise: Er erbricht zunächst seine Exkremente und dann … lassen wir das. Es treten keine Koordinationszentren wie beispielsweise ein Gehirn auf. Der Süßwasserpolyp ist unsterblich, weiß aber nichts davon, weil er kein Hirn hat.

Das ist interessant: Kein Hirn, aber unsterblich!

Könnte es sein, dass ein Wesen umso länger lebt, je blöder es ist, und dass deswegen die Depperten nicht aussterben? Wäre die Welt die beste aller möglichen, wären wir bereits am Ziel.

Wenn die Welt aus dem Nichts urgeknallt ist, war auch nicht nichts, denn es gab die *Tatsache,* dass nichts ist. Und weil die Tatsache, dass nichts war, ein Etwas ist, hat es auch kein Nichts gegeben. Und wenn ein Gott die Welt aus dem Nichts erschaffen hat, war auch nicht nichts, sondern etwas. Nämlich dieser Gott. Denn wenn der nicht gewesen wäre, hätte er das Universum auch gar nicht zusammenpfuschen können.

Also: Nichts gibt's nicht. Für den Österreicher stellt sich die Frage nach Nichts oder Etwas aber erst gar nicht, denn auch wenn *nichts* wäre, der Österreicher würde sich beschweren.

GLÄUBIG, GLÄUBIGER, ABERGLAUBE

Wozu Menschen ein *Glauben* treiben, ja, was er aus ihnen machen kann, stellt sich in den konfessionellen Abseitigkeiten der Rastafari besonders deutlich dar.

Ein Dogma oder doch wenigstens ein Glaubensgrundsatz ist oder war es zumindest, dass Haile Selassie, der ehemalige Kaiser von Äthiopien, aus mir unbekannten Gründen bereits zu Lebzeiten für den Rastafari-Glauben *Gott* war. Als Haile Selassie davon hörte, flog er mit seinem Privatjet nach Jamaika. Am Flughafen empfingen ihn Hundertschaften von Rastas in ihren rot/grün/schwarz/gelben Wollmützen, bekifft bis unter die Schädeldecke, auf zahllose Steeldrums einschlagend.

Haile Selassie flog stante pede, vermutlich verängstigt, wieder nach Hause. Wäre er geblieben und hätte gesagt, die Rastas müssten alle Nichtrastas umbringen, Frauen in Eisenrüstungen stecken, Kinder mit Marihuana aufziehen und Reykjavík erobern, denn dort wären ihre heiligen Stätten, und wer sich selbst und vor allem hundert andere in die Luft sprengt, der käme in den Himmel über Island und dürfe jeden Tag zweiundsiebzig Joints rauchen, rechts neben Haile Selassie und/ oder seinem Sohn sitzen und wäre aus nicht näher definierten Gründen erlöst, wäre der Teufel los gewesen auf den West Indies, wie sonst durch die sogenannten Buchreligionen, zurzeit vor allem die des Islam.

So gesehen muss Haile Selassie ein anständiger Mensch gewesen sein, dass er seinen »Gott«-Status nicht weidlich ausgenutzt, aus der Karibik (außer Kuba natürlich) einen Gottesstaat gemacht und als Diktator geherrscht hat. Die meisten anderen wären da vielleicht auf Ideen gekommen.

Die Rastas haben nicht einmal ein eigenes »heiliges Buch«, das ihnen diese Merkwürdigkeiten oktroyiert, sondern beziehen sich vor allem auf die Offenbarung des Johannes im Neuen Testament, wobei natürlich für Beliebigkeit breiter Raum ist. Die Rastas wollen niemanden missionieren, wie es, außer dem Judentum, die beiden anderen gefährlichen Großreligionen wollen. Den Rastas ist es auch völlig egal, welche Religion jemand anderer hat. Du kannst ihnen erzählen, dass du den »lieben Gott« getroffen hast, und sie werden dich fragen, ob es der Haile Selassie war, und du kannst sagen, das hat er nicht erwähnt, er hätte nur gesagt: »Ich bin der liebe Gott.«

Darauf ein Rasta: »Das kann jeder sagen.«

Darauf du: »Das sagt auch jeder.«

Dabei: »Gott ist wiederlegt, der Teufel nicht.«
(Friedrich Nietzsche)

DES IS A GOTTVERFLUACHTES LAND

Das österreichische Idiom ist vor allem in Situationen des Verzweifeltseins blasphemisch und in keiner Weise darauf ausgerichtet, Trost vom Allerhöchsten zu erbitten. Im Gegenteil, es lehnt sich verbal auf, drückt Zorn, gar Wut auf die verschlungenen Wege und den unergründlichen Willen des Weltenlenkers aus, induziert keine Demut oder gar stilles Dulden.

Das noch vielleicht harmloseste Mantra, das der Österreicher in oder nach ungünstigen himmlischen Fügungen hervorstößt, ist: »Harrgott noch amoi!« oder »Heulicher Gott!« oder auch »Um Gott'shimmelswüll'n!«

Wobei in diesen Fällen nicht der grundsätzlich fromme Inhalt, sondern der respektlose Dialekt, in dem diese Beschwerden und Reklamationen nach unerwünschten Schicksalskonstellationen geäußert werden, die wesentliche Rolle spielt, das Gesagte unrein und sündig macht.

Auch wenn man sich nur peripher in die Niederungen der Urgenz begibt, etwa mit: »Marandana!«

Hier wird nur unsere *liebe Frau*, wie gerne gesagt wird, ein wenig zur Ordnung gerufen, während bei ernsthaftem Einschreiten nach wirklich ärgerlichen Umständen gleich die ganze Heilige Familie adressiert ist: »Jessasmarandjosef!« Oder mit Nachdruck: »Jessasmarandjosef, naa!«

Diverse gotteslästerliche Ausbrüche, die nicht unter hundertfünfzig Jahren Fegefeuer geahndet werden, sind: »Kruzifix!« und »Kruzifixnochamoi«. Oder nicht unter dreihundert Jahren Purgatorium: »Kruzifixteifeeinenochamoi!«, weil hier der Teufel, das absolute Feindbild des rechten Glaubens,

bemüht wird und das gleich zwiefach durch: »... nocha-
moi«.

»Kruzitürk'n« allerdings ist keine Kreuzesbesudelung,
denn das *Kruzi* in »Kruzitürk'n« kommt – so heißt es – von
»Kuruzen und Türken«.

Die Kuruzen waren ein wildes Reitervolk, das als Nebenwirkung in Tateinheit mit marodierenden türkischen Horden
neben diversen Massakern – als Zweitnutzen gewissermaßen –
den Kukuruz eingeschleppt haben soll.

Dass es in Salzburg-Land ein Dorf mit Namen *Pfarrwerfen* gibt,
wo in alten Zeiten augenscheinlich Weitwurf-Wettbewerbe mit
Geistlichen stattgefunden hatten, zeigt deutlich, dass sich Gott
von Österreich im Allgemeinen und von Salzburg im Besonderen abgewendet hat und seinen Zorn in den Salzburger Festspielen, namentlich in dem frommen Spiel vom Sterben des
reichen Mannes, eines gewissen *Jedermann,* manifestiert hat.
Umso mehr, da unweit die Gemeinde *Hohenwerfen* liegt, wo
man die Gottesmänner offenbar nicht nur weit, sondern auch –
bei lebendigem Leib – in die Höhe geworfen hatte. Bei dem
Marktflecken *Werfenweng* ist die Wissenschaft uneins. Die
einen behaupten, hier wurden die Theologen nur ein *wenig*
oder ein *wengerl* hoch und/oder weit geschleudert, die anderen
wieder meinen, der Name rühre daher, dass die – nach den
Wettkämpfen meist zu Tode gekommenen – Seelsorger hier
selbst *weggeworfen,* also entsorgt wurden. Jedenfalls wurden
seinerzeit sämtliche Einheimischen und Anrainer des Groß-
raums *Werfen* exkommuniziert, hingegen der Erzbischof *Bene-
dictus von Bischofshofen,* der nur durch ein Wunder dem
Geworfenwerden entging, heiliggesprochen.

Lässliche Sünden sind Formulierungen wie: »Papst Locherl«, während sein Pendant der »Fürst Bamschti« völlig straffrei bleibt.

Auch »Heulicher Bim-Bam« kann gebeichtet und bereut werden, jedoch mit ewiger Verdammnis bestraft wird der Aufschrei: »Heilige Scheiße!«

Oder gar: »Heuliches Orschloch!«

ICH SAG'S EUCH ...

Menschen ab einem gewissen Alter lassen sich gerne, Erschöpfung simulierend, in einen Fauteuil fallen und seufzen: »Ach Kinder, ich sag's euch ...!« Dabei sind meist gar keine Kinder anwesend, und es bleibt auch in rätselhaftem Dunkel, was uns der oder die Betreffende sagen wollen könnte. Selbst wenn jemand die meist rhetorische Frage stellt: »No, was sagst uns denn?«, winkt die pseudo-erschöpfte Person nur ab, in einer Weise, die impliziert, dass das, was sie uns mitzuteilen hätte, von so immenser Ungeheuerlichkeit ist, dass Schweigen das einzig Geeignete wäre, das wahre Ausmaß der Heimsuchungen zu veranschaulichen.

Mittlerweile nun selbst in einem Alter, wo mir so ein resigniertes Niedersetzen unbewusst, aus dem Abgrund namenloser Verzweiflung zustößt, beginne ich diese Menschen zu verstehen.

Ohne jede Warnung breitet sich hoffnungslose Niedergeschlagenheit im weiten Land der »Seele« aus, die Gesamtheit der Fehlkonstruktionen der Welt und ihrer Unzulänglichkeiten lässt mich das Leben als eine Last empfinden.

Ich stehe kurz vor dem Zusammenbruch, wenn in der Klomuschel ein leerer Behälter ohne die vorgesehenen Duftsteine hängt. Nicht nur, dass man auf Unachtsamkeit der für die sanitäre Vollständigkeit Verantwortlichen am WC schließen muss, sondern vor allem die Leere, die Zwecklosigkeit des Duftsteinbehälters ist es, die mich, gleichsam als Metapher der Vergänglichkeit, geradezu anbrüllt.

Oder wenn in der öffentlichen Toilette der Wasserhahn, der mit einem Sensor funktionieren sollte, nicht funktioniert. Ich seife mir die Hände mit einem klebrigen Gel ein, halte sie unter den Wasserhahn, aber nichts. Kein Wasser! Mit verpickten Pfoten stehe ich da, möchte mir die Hände mit einem der dafür vorgesehenen Papierhandtücher wenigstens trocken abwischen, allein der diesbezügliche Dispenser ist leer.

Schreikrampf!

Oder wenn nach Entseifung der Hände alles geklappt hat und man dann mit spitzen Fingern in einen dieser geräuschvollen Händeblastrockner fährt und die schneidende Heißluft erst zu arbeiten beginnt, wenn man bis zu den Ellbogen in der Maschine steckt, die Hemdsärmel zu brennen beginnen, aber die nassen Hände in einem Bereich sind, wo kein Wüstenwind weht und man mit nassen Händen die Toilette zu verlassen gezwungen ist.

Bluthochdruck!

Oder wenn man dann noch seinem Gegenüber etwas erzählt und dieses Gegenüber einen scheinbar interessiert anschaut und nichts außer ständig entweder zustimmend oder erstaunt oder gar pikiert *okay* sagt.

»Wir waren jetzt eine Woche am Roten Meer ...«
    »Okay.«
    »... sehr schön, im Grunde ziemlich windig immer wieder ...«

200

»Okay.«

»Der Flug war allerdings qualvoll ...«

»Okay?«

»... bis auf den letzten extra schmalen Sitz vollgestopft mit urlaubswilligen Österreichern ...«

»Okay!«

»... nein, gar nicht okay, eing'schlafene Füß', Rückenschmerzen, dauernd den Ellbogen der dreisten Sitznachbarin auf der Armlehne, sodass kein Sitzen, sondern nur ein Kauern möglich gewesen ist ...«

»Okay!«

»... heast, kannst du auch was anderes sagen außer *okay?*«

»O...«

Tötungsabsicht.

Oder jemand sagt ständig: »Wie cool ist *das* denn?«

Suizidgedanken.

Ja, was kann man dann noch bis zum vollzogenen Freitod viel anderes machen, als sich gegen die Stuhllehne zu werfen und mit gen Himmel gerichteten Augen mit dem letzten Atem röcheln: »Ach Kinder, ich sag's euch!«

HÄSSLICH, ICH BIN SO HÄSSLICH ...

Obwohl man es mit den Jahren tunlich vermeidet, sich eingehend im Spiegel zu betrachten, tat ich es zu einem psychisch gerade günstigen Zeitpunkt dennoch und entdeckte kleine braune Punkte in der rechten Schläfengegend.

Ich hielt Rücksprache mit meiner Frau, die mit den Fingern über diese beginnenden Verunstaltungen strich und sagte: »Hmm, eins davon ist erhaben, lass dir das anschauen.«

Ich konsultierte darauf einen Bekannten, der Hautarzt ist, und ließ mir das »anschauen«. Er schaute es aber gar nicht sorgfältig an, sondern sagte nach einem routinierten Blick, nicht ganz ohne Häme in der Stimme: »Das ist gar nix ... das sind Alterswarzen.«

ALTERSWARZEN!

Auf der einen Seite erleichtert, dass es nichts Ernstes ist, ließ mich das Wort *Alterswarzen* auf der anderen Seite innerlich erschauern, empfand ich es doch als verbalen Wirkungstreffer.

Alterswarzen!

Ich verließ die Ordination und hatte das Gefühl, dass über meinem Kopfe eine rote Leuchtschrift blinkte, die unübersehbar »Alterswarzen« signalisierte.

Passanten warfen mir Blicke zu, in denen ich Entsetzen und vor allem Ekel zu lesen glaubte: Pfui Teufel, der hat Alterswarzen. Wie abscheulich!

Ist das Wort »Warzen« an sich schon ein grausliches, so ist dessen Kombination mit dem Substantiv »Alters« kaum auszuhalten, vor allem, wenn es einen selbst betrifft. Der einzige Fall, wo eine Hauptwort-Kombination mit »Warzen« nicht ad hoc Ekel hervorruft, ist »Brustwarzen«, die ich im Grunde aber auch unglücklich gewählt finde.

Ausufernd und platzgreifend lag das Vokabel »Alterswarzen« in meinem Kopf, fort und fort Gedanken gebärend wie: Am Lebensabend – und bei mir ist schon später Nachmittag –, da läuft das Leben gleichförmig dahin.

Weil man spätestens um Mitternacht schlafen gehen möchte, vor allem, wenn man sich am Morgen nach dem Schuhezubinden nicht noch einmal ein bissel hingelegt hat, wieder Latein zu lernen beginnt, weil es ab einem gewissen Alter nicht verkehrt ist, sich mit einer toten Sprache zu befassen, man einer Frau nur mehr nachrennt, wenn's bergab geht, ja man möglichen erotischen Anbahnungen sogar eher aus dem Weg geht.

Da gibt's kaum Aufregungen, außer solche, dass man draufkommt, man hat schon so viele Falten im Gesicht, dass ein Schweißtropfen von der Stirn bis zum Kinn fast zwei Stunden braucht.

Und dann hört man auf seinem Musikstream-Tool – eh total modern und juvenil – das Folgende: »Wir bedanken uns bei dir, dass du Musik mit Spotify hörst. Im Ernst, ja. Du könntest deine Musik ja auch aus dem Radio hören, von Schallplatten oder einem Tonband – wenn du überhaupt noch weißt, wie so was aussieht«.

Dann fährst du rechts ran und weinst ein bisschen.

ICH MÖCHTE EINFACH NUR DASITZEN

Altern ist jener Prozess, der die Lebensfunktionen, die den Tod hintanhalten, sukzessive reduziert.

Wenn also diese Lebensfunktionen kontinuierlich ein Minimum erreichen, lässt in den meisten Fällen der Lebenshunger nach. Man hat bereits so viel erlebt beziehungsweise mitgemacht, dass man, wie gesagt wird, seine Ruhe haben möchte, keine Ereignisse mehr braucht, keine Sensationen, und froh ist, wenn Verdauung und Stoffwechsel halbwegs funktionieren und die Welt einem egal ist. Man dem Postulat nach regelmäßiger Bewegung nicht mehr nachkommt. Kinder, ja alles, was nach Jugend riecht, nicht ausstehen kann und sich deswegen nicht mehr geniert oder gar mühevoll Zuneigung herstellt.

Wenn man die Heimhilfe, ohne die eine reibungslose Lebensbewältigung nicht mehr möglich ist, ertragen muss, weil diese altruistischen Menschen gewissermaßen belehrt werden, dass sie zum Hilfebedürftigen eine »Beziehung« aufzubauen haben – diese oft distanzlosen Bemühungen nimmt der alte Mensch nur mit größter Pein auf sich und sehnt nichts so sehr herbei wie den Moment, wo die oder der Betreffende die Tür von außen wieder zumacht, damit man sich wieder seiner Alterseinsamkeit und seinen immer blasser werdenden Gedanken widmen kann.

Wenn man sich von seinen, auch bereits leicht angemürbten, Kindern sagen lassen muss, wie wichtig es wäre, viel Wasser zu trinken, und dennoch vorgelogen bekommt, man sehe *blendend* aus ... Ein Vokabel, das in diesem Zusammenhang besonders ekelhaft empfunden wird, ist *rüstig,* wissend, dass rüstig das Stadium vor den ersten Todesflecken ist.

Wenn man nur mehr dasitzen möchte und fast buchstäblich ins Leere blicken … Dasitzen und dem Tinnitus des Daseins, dem monotonen Hintergrundrauschen der vergehenden Zeit, lauschen will. Also von *Lebensfreude* weit entfernt ist.

Ich wünsche mir für meine persönliche Apokalypse ausreichend Morphium. Denn mit einer entsprechenden Dosis dieses Opiats ist nur dazusitzen ein Vergnügen. Man fühlt sich hervorragend energielos, vollkommen schmerzbefreit, *gummig,* wie gerne gesagt wird und seligmachend gleichgültig, ausdruckslos lächelnd, amüsiert geradezu und auf eine ganz spezielle Art »glücklich«.

Und gedenkt vielleicht einer Tagebucheintragung Mozarts vom 13. Juli 1770:

»Gar nichts erlebt. Auch schön.«

DER WELTUNTERGANG HAT NUR SINN, WENN MAN DABEI WAR

Der aufregendste Augenblick im Leben ist diese Nanosekunde, in der das Sein endet und das Nichtsein beginnt. Der Moment, in dem sich alles aufhört. Dieser Augenblick, der vernunftbegabten Weiterlebenden – vielleicht nur vorübergehend – klarmacht, dass das Leben für den soeben *Dahingegangenen*, wie beschönigend gesagt wird, ganz sinnlos war, weil sämtliche Lebensaktivitäten des Toten mit seinem Ende schlagartig obsolet geworden sind.

Erheiternd unter diesem Gesichtspunkt ist, dass beim anschließenden *Leichenschmaus* nach ausgiebiger Nahrungsaufnahme auf den *lieben Toten* mit tränenfeuchtem Auge angestoßen wird und gerne die Plattitüde als Trinkspruch bemüht wird: »Karl, auf dich! Wo immer du jetzt auch sein mögest!«

No, wo wird er jetzt schon sein, der Karl?

Entweder in einer Urne oder vorschriftsmäßig einen Meter sechzig unter der Erde. Oder, wenn es sich um ein *Tiefgrab* handelt, zwei Meter zwanzig.

Wobei es in einem Ort in Oberösterreich zum Eklat gekommen ist zwischen Leichenbestattern und Angehörigen. Zitat: »Aufgrund der Beschwerde eines Hinterbliebenen prüft das Stadtamt nun bei jedem neu ausgehobenen Grab dessen Tiefe. ›Wir haben darauf hingewiesen, dass die Grabtiefe einzuhalten ist. Wir messen das auch nach‹, sagt der Bürgermeister. Und: ›Es ist immer ärger geworden in den letzten zweieinhalb Jahren. Der Totengräber gräbt so seicht – Verstorbene sind oft nur einen knappen Meter tief beerdigt worden.‹« Zitat Ende.

Dieser Augenblick ist also sehr, sehr aufregend, und man darf getrost auf ihn gespannt sein.

Wenn der persönliche Todeseintritt schon so spektakulär ist, wie spektakulär muss es erst sein, wenn die ganze Welt untergeht, also aufhört zu sein? Wenn unvermutet nichts, aber schon gar nichts mehr ist.

Ich möchte das Glück haben, diesen allumfassenden Zusammenbruch noch zu erleben. Zuerst sehe ich, wie die Welt verschwindet, und erlebe dann die Nanosekunde des eigenen Unterganges. Das ist mit Sicherheit das Ungeheuerlichste, das ein Mensch, wenn auch nur verschwindend kurz, erleben kann: Teil der kolossalen Nichtswerdung sein zu dürfen!

Sinn hat so ein Weltuntergang allerdings nur, wenn man – wie gesagt – dabei ist und sich einem die letzte Wahrheit ein Fingerschnippen lang erschließt. Sich die schwierigste und letztlich einzig hundertprozentig richtige Gleichung bewahrheitet und die Weltenformel, die dann völlig nutz- und sinnlos ist, entsteht:

Alles = Nichts.